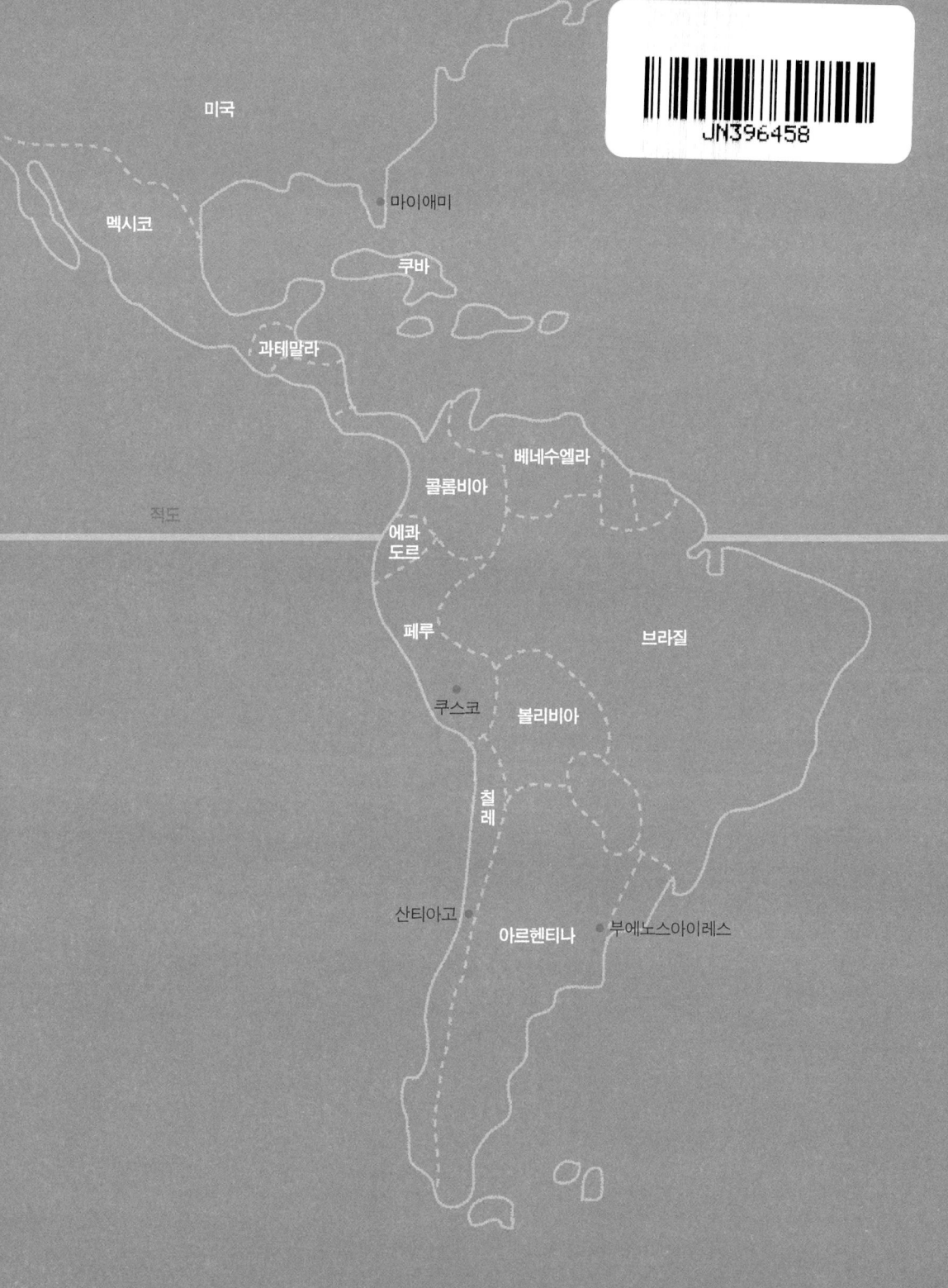

체 게바라

불가능을 꿈꾼 혁명가

지은이 **오도엽**

글쓰기를 끔찍하게 여기며 노동자로 살다, 화장실에서 우연찮게 쓴 낙서로 전태일문학상을 받으며 시인이 되었습니다. 지금은 글쓰기에 푹 빠져 여러 매체에 시, 칼럼, 르포를 싣고 있습니다. 지은 책으로는 『그리고 여섯 해 지나 만나다』 『지겹도록 고마운 사람들아 - 이소선, 여든의 기억』 『밥과 장미 - 권리를 위한 지독한 싸움』 『속 시원한 글쓰기』 등이 있습니다. 어린이책으로는 『전태일, 불꽃이 된 노동자』를 썼습니다.

그린이 **이상규**

어려서부터 만화 그리기를 좋아했고, 신한은행 새싹 만화 공모전에서 입상하여 만화가가 되었습니다. 지금은 어린이책에 그림을 그리고 있습니다. '마법의 두루마리' 시리즈를 비롯해 『네버랜드 미아』 『숲자연학교에 가자!』 『큰 그림으로 보는 우리 역사』 『전태일, 불꽃이 된 노동자』 『공병우, 한글을 사랑한 괴짜 의사』 등에 그림을 그렸습니다.

체 게바라 불가능을 꿈꾼 혁명가
ⓒ 오도엽, 이상규 2013

초판 1쇄 발행 2013년 2월 11일

지은이 오도엽 | **그린이** 이상규
펴낸이 이기섭 | **기획편집** 박상육 염미희 최연희 신은선 위원석 | **디자인** 골무
마케팅 조재성 성기준 정윤성 한성진 정영은 | **관리** 김미란 장혜정
펴낸곳 한겨레출판(주) | **주소** 서울시 마포구 공덕동 116-25 한겨레신문사 4층
전화 02-6383-1602~3 | **팩스** 02-6383-1610
홈페이지 www.hanibook.co.kr | **이메일** child@hanibook.co.kr | **트위터** @haniteen
출판등록 2006년 1월 4일 제313-2006-00003호

ISBN 978-89-8431-664-5 74990
　　　978-89-8431-366-8 (세트)

- 이 책에 실린 사진 일부는 체 게바라 연구소(Che Guevara Studies Center, Cuba)에 저작권이 있습니다.
- 이 책에 실린 체 게바라의 일기는 《체 게바라의 모터사이클 다이어리》(홍민표 옮김, 황매 펴냄, 2005)에서 인용했습니다.

- 값은 뒤표지에 있습니다.
- 이 책의 일부 또는 전부를 재사용하려면 반드시 저작권자와 한겨레출판(주) 양측의 동의를 얻어야 합니다.

체 게바라
불가능을 꿈꾼 혁명가

오도엽 글 | 이상규 그림

한겨레아이들

| 지은이의 말 |

불가능한 꿈을 찾아서

천진한 표정으로 야구 방망이를 들고 있는 체 게바라.

친구들!
친구들은 무슨 꿈을 꾸나요?
친구들은 어떤 사람을 닮고 싶나요?
얼음 요정 김연아.
물살을 가르는 박태환.
푸른 잔디를 누비는 박지성.
무대를 뜨겁게 달구는 빅뱅.
컴퓨터의 황제 빌 게이츠.
아픈 사람을 고치는 의사.
어려운 사람을 도와주는 변호사.
커다란 배를 만드는 노동자.
…….
2002년 월드컵 때 대한민국 태극전사들은 4강의 꿈을 이루었지요.
그때 월드컵 경기장에는 이런 글이 등장했답니다.
'꿈은 이루어진다.'
여러분이 지금 간직한 꿈은 반드시 이루어질 겁니다.

친구들!
오늘 친구들에게 들려줄 이야기의 주인공은 에르네스토 게바라입니다.
사람들은 그를 체 게바라라고 부릅니다.

체는 의사였습니다.

체는 여행가였습니다.

체는 독재에 맞서 싸운 전사였습니다.

체는 외교관, 장관, 국립은행 총재였습니다.

체는 시인이었습니다.

체는 혁명가였습니다.

어떻게 이렇게 많은 일을 했냐고요?

놀라기에는 이릅니다.

심지어 체는 불가능을 꿈꾼 사람이었습니다.

불가능을 꿈꾼 사람?

뜬구름을 쫓는 사람이나 풍차에 달려드는 돈키호테처럼 여겨지겠지요.

불가능은 현실에서 이루어질 수 없는 일을 말하니까요.

맞습니다.

체 게바라는 누구나 불가능하다고 여기는 꿈을 현실에 이루려는 사람이었습니다.

때론 모터사이클을 타고,

때론 총을 들고 꿈을 찾아 세계를 떠돌았습니다.

숱한 불가능한 꿈을 현실에서 이룬 체는 머물지 않았습니다.

새로운 꿈을 찾아 곧바로 자리를 박차고 나섰습니다.

체가 꾸었던 꿈이 오늘을 살아가는 우리들의 가슴속에 아직도 아름답게 이어지는 까닭입니다.

사실 체 게바라는 매력적인 사람입니다.
한번 체 게바라에 빠지면 헤어나지 못한답니다.
아마 이 책을 읽으면 친구들도 열렬한 팬이 될걸요!

친구들!
체 게바라는 여러분의 지닌 꿈을 더욱 값지게 할 겁니다.
부릉부릉,
이제 체와 함께 꿈을 향해 달려 볼까요?

오도엽

차례

지은이의 말 4

1. 의사가 된 약골 소년
모터사이클을 타고 떠나다　13
병약한 아이, 테테　23
왜 가난한 사람이 있죠?　29
민중의 집　38
말랐어도 통뼈　46
건축학에서 의학으로　52

2. 길 위에서 배우다
떠돌이 노동자를 만나다　63
무일푼 여행자의 행복　68
퓨마 총격 사건　75

가짜 의사   80
밀항   85
슬픈 칠레   95
구걸의 기술   103
나환자 마을   106

3. 병든 세상을 구하는 혁명가
다시 길을 떠나다   115
카스트로를 만나다   120
총을 든 의사   128
자유 쿠바 만세!   140
세계 시민, 체   148

20세기 가장 완벽한 인간   152

1. 의사가 된 약골 소년

모터사이클을 타고 떠나다

"북아메리카까지 가 보면 어떨까?"

에르네스토 입에서 불쑥 이 말이 튀어나왔다.

"뭐, 뭐, 뭐라고? 북아메리카?"

정신없이 포도를 먹던 알베르토의 눈이 휘둥그레진다.

"그래, 북아메리카. 멋지잖아?"

잠시 생각에 잠겼던 알베르토는 두 손을 앞으로 내밀더니 마치 오페라 배우처럼 읊조렸다.

"아……! 아메리카가 우릴 부르는구나. 젊음이여, 아르헨티나를 떠나라! 칠레, 불가리아, 잉카의 제국 페루를 지나 베네수엘라, 과테말라로!"

"뜨거우니까 청춘이다! 젊음이여, 멈추지 말고 달려라! 아메리카 남쪽 끝에서 거친 사막을 뚫고, 드높은 고원을 넘어. 아메리카 북쪽 끝, 양키의 땅 미국까지…… 끓어오르는 정열로 점령하라!"

에르네스토도 알베르토를 흉내 냈다.

알베르토가 에르네스토의 눈을 빤히 쳐다본다.

"왜 그래?"

에르네스토가 물었다.

"어떻게? 그 멀고 긴 대륙을 어찌 가냐, 요게 문제잖아."
에르네스토는 씩 웃으며 집게손가락을 쭉 내민다.
에르네스토의 손가락을 따라 고개를 돌리는 알베르토.
"뭐, 저걸 타고?"
칠은 벗겨지고 시트는 낡아 빠진 모터사이클이 왼쪽으로 살짝 기울어진 채 졸고 있다. 한 번에 시동이 걸린 적이 없는 오토바이다. 천식에 걸린 듯 겔겔거리다 운 좋게 시동이 걸리면 검은 연기를 내뿜었다.
알베르토는 이 낡은 모터사이클을 '포데로사'라고 불렀다. 포데로사는 '힘'이라는 뜻이다.
"그래, 형에겐 포데로사가 있는데, 뭐가 두려워."
에르네스토가 치켜세웠다.
알베르토는 허연 이를 드러내며 어깨를 으쓱인다.
"좋아, 출발이다. 겁 없으니까 청춘이다!"

모터사이클 여행은 이렇게 시작되었다.
한 번도 가 보지 않은 땅을 포데로사에 의지해 떠나는 황당한 계획이었다.
갑작스런 생각은 아니었다.
에르네스토는 의과대학을 다니며 늘 떠날 날을 손꼽아 기다렸다. 힘든 의학 공부를 무사히 마칠 수 있었던 까닭도 여기에 있었다.
'졸업장을 쥐는 순간, 아르헨티나를 떠나 미지의 땅을 달리리라.'

에르네스토의 가슴속에 자리한 오랜 꿈이다.
알고 싶었다. 자신이 살고 있는 라틴아메리카를, 라틴아메리카 사람들의 삶 구석구석을 보고 싶었다. 천연자원이 풍부한 땅에 사는 사람들이 왜 가난한지 궁금했다.

두 사람은 여행 짐을 꾸렸다. 커다란 자루에 텐트, 침낭, 지도, 사진기, 책을 쑤셔 넣었다. 자루를 오토바이 꽁무니에 줄로 단단히 묶었다.
"잠깐, 에르네스토."
알베르토가 가슴 한가득 무엇인가를 들고 왔다.
"형, 이게 다 뭐야?"
"숲에서 사냥을 할지도 모르잖아. 그럼 바비큐를 해 먹어야지."
알베르토가 바비큐 도구를 자루 위에 쌓았다.
"역시, 먹겠다는 의지 하나는 확고해. 그런데 짐이 무거워 오토바이가 잘 달릴까?"
"걱정 마. 괜히 포데로산 줄 알아?"
알베르토가 자신 있다는 듯 시동을 걸며 액셀을 밟았다.
겔겔겔, 겔겔겔. 뚝.
겔겔겔, 겔겔겔. 뚝.
겔겔겔겔 겔겔 뿌웅.
밭은 기침을 하던 포데로사가 뿌웅 하며 검은 연기를 뿜었다. 드디어 냄비를 두들기는 듯 요란한 엔진 소리가 울렸다.

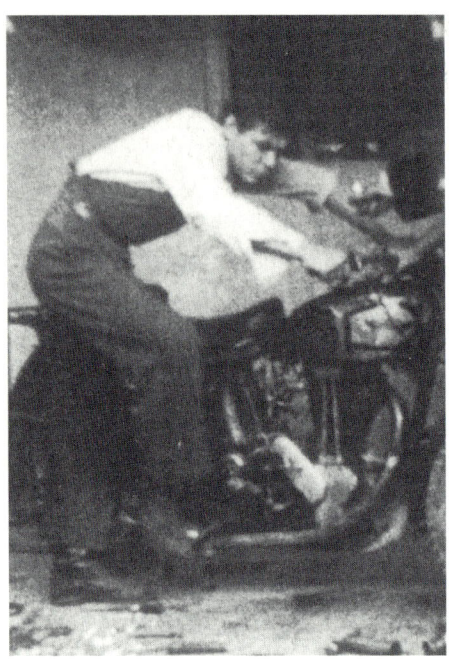

에르네스토, 알베르토와 함께
라틴아메리카를 여행한
모터사이클 포데로사.

"뭐, 아메리카 대륙을 돈다고! 저 낡아 빠진 오토바이를 끌고?"
어머니는 아들의 여행 소식에 화들짝 놀랐다.
"여, 여보. 무, 물 좀."
바비큐 꼬챙이가 삐죽 튀어나온 커다란 자루가 실린 오토바이.
귀를 덮은 낡은 헬멧, 그리고 위아래가 한 벌로 된 비행사 옷을 입은 아들의 차림새.
이 황당한 모습에 어머니는 숨이 탁 막혔다.
어머니가 괜한 걱정을 하는 게 아니다.

에르네스토는 이미 대학을 마친 스물넷 청년이다. 충분히 세상을 떠돌며 여행을 할 수 있는 나이다. 그러나 에르네스토는 이토록 긴 여행을 해서는 안 된다.

에르네스토는 고칠 수 없는 병을 평생 달고 살아야 한다.

천식을 앓고 있었던 것이다.

천식은 언제 기도가 막혀 숨을 헐떡이며 발작을 일으킬지 알 수 없는 병이다. 빨리 응급조치를 하지 않으면 목숨을 잃을 수도 있다.

그런 에르네스토가 기나긴 여행을 한다니 당연히 걱정할 수밖에.

"걱정 마세요. 저도 예비 의사입니다. 제 몸을 돌볼 정도는 된단 말이에요."

한번 결심을 하면 굽히지 않는 아들이라는 걸 어머니는 너무나도 잘 알고 있다. 말릴 수가 없는 아들이다.

"네가 에르네스토보다 여섯 살 위지?"

어머니는 알베르토에게 물었다.

"헤헤, 제가 형이죠."

"여행은 허락한다. 단, 두 가지 조건이 있어."

"걱정 마십시오. 형으로서 어머니 말씀을 반드시 지킬 것을 제 양심을 걸고 맹세합니다."

알베르토는 벌떡 일어나 선서를 하듯 오른손을 올렸다.

"첫째, 에르네스토가 의사 자격시험을 보기 전까지는 무슨 일이 있어도 돌아와야 한다."

"네."

알베르토는 한쪽 무릎을 꿇더니 오른팔을 가슴께로 나란히 접으며 큰 소리로 대답했다.

"둘째, 무슨 일이 있어도 에르네스토의 흡입기를 잃어버려서는 안 된다."

"걱정 붙들어 매십시오."

알베르토가 오른손을 얼굴 앞으로 올리며 주먹을 불끈 쥐었다.

"여보, 둘 다 의사가 아니오. 이제 자신의 삶을 스스로 책임질 나이고요."

잠자코 있던 아버지가 어머니의 등을 토닥이며 달랬다.

"자, 라틴의 아들들이 세상을 향해 돌진한다는데, 그냥 보낼 순 없지 않소. 송별 파티를 해야지."

아버지는 무거운 분위기를 달래고자 박수를 치며 파티를 제안했다.

"에르네스토! 잠깐, 아비 좀 보자."

아버지는 아들과 서재로 갔다.

서랍을 뒤지던 아버지는 권총을 꺼냈다. 아버지가 애지중지하던 물건이다.

"무슨 일이 생길지 모른다. 짐 깊숙이 잘 챙겨 둬라."

"네, 아버지."

에르네스토는 항공 점퍼 안쪽 주머니에 권총을 넣었다.

파티를 끝내고도 곧바로 출발할 수 없었다.

어머니가 아들의 앨범을 꺼내 왔다.

한 장 한 장 넘기며 추억을 더듬는다.

"요거 봐라, 에르네스토."

헝클어진 검은 머리카락에 창백한 얼굴빛. 하지만 다부진 인상을 쓰고 사진기를 노려보는 아이. 다섯 살배기 에르네스토의 사진이다.

"다 엄마 잘못이지. 이때 얼굴이 창백한 게 천식 때문이야. 그때 수영을 가지 말았어야 했는데……."

어머니는 굵은 눈물을 뚝 떨어뜨렸다.

"아니에요. 천식은 저를 더욱 단련시키는 채찍이었어요. 어머니 덕분에 제가 튼튼하게 자랐잖아요."

에르네스토는 어머니의 손을 꼬옥 잡았다.

어머니는 애써 눈물을 참으려고 했다. 길 떠나는 아들 앞에서 울 수는 없었다. 하지만 눈물은 더 굵어졌다.

에르네스토는 어머니의 눈가를 엄지로 지그시 누르며 말했다.

"세상 누구보다 강한 남자가 되어 돌아올 겁니다. 걱정 마세요."

가족과 기나긴 이별식도 끝났다.

알베르토와 에르네스토는 포데로사에 올라탔다.

이번에는 오토바이가 부부붕 부웅 부우웅 하며 한 번에 시동이 걸렸다.

"갑니다. 모두 안녕히 계세요."

에르네스토가 가족들에게 손을 흔들었다.
"걱정 붙들어 매시라니까요!"
비행기 조종사처럼 안경을 낀 알베르토가 장난스럽게 인사했다.
"그래 잘 가거라."

아버지가 손을 흔들었다.
"편지 쓰는 거 잊지 말고······."
어머니는 손수건으로 눈물을 찍으며 말끝을 흐렸다.
"힘들 땐 이모를 생각해. 사랑한다, 에르네스토."
이모도 곁에 서서 손을 흔들었다.
그사이 포데로사는 검은 연기를 내뿜으며 왼쪽 길로 커브를 돌았다. 그때 높다란 자루가 한쪽으로 쏠렸다. 오토바이가 휘청거렸다.
"천천히, 천천히······."
어머니의 애달픈 목소리가 희미하게 울렸다.

포데로사가 '삐이익' 하는 쇳소리를 내며 사라졌다.

알베르토가 운전하는 포데로사는 붉은 태양으로 빨려 들어간다. 뒷자리에 탄 에르네스토의 심장이 포데로사의 엔진 소리보다 힘차게 뛴다.

병약한 아이, 테테

1928년 6월 14일, 아르헨티나 파라나 강에 자리한 항구 도시 로사리오.

린치와 셀리아 부부가 사는 자그마한 집에서 요란한 울음이 터져 나왔다.

'영원한 리얼리스트'

'혁명적 인간'

'20세기 가장 완벽한 인간'

'총을 든 의사'

'불가능을 꿈꾸는 사나이'

숱한 이름으로 불리게 될 사내아이가 태어났다.

'에르네스토 게바라'다. 어릴 적에는 '테테'라는 별명으로 불렸다. 훗날에는 사람들이 그를 '체'라고 불렀다.

에르네스토가 두 돌을 앞둔 1950년 5월이었다.

셀리아는 아들을 데리고 강으로 물놀이 갈 채비를 했다.

"물이 찰 텐데?"

남편 린치가 걱정했다.

아기 에르네스토를 안고 있는 어머니,
셀리아 데 라 세르나.

아르헨티나는 지구의 남반구에 자리하고 있다. 이곳의 5월은 차가운 바람이 불기 시작하는 초겨울이다.
"어릴 때부터 추위에 단련을 시켜야 감기에 안 걸린다니까요."
셀리아는 남편의 걱정을 뒤로 한 채 집을 나섰다.
겨울로 접어드는 때라 강물이 차가왔다.
'이쯤이야, 뭘.'
셀리아는 아들과 함께 몸에 물을 끼얹었다.
"엄마, 시러. 엄마, 시러."

테테는 추운지, 물에 들어가지 않으려고 했다.
"금방 괜찮아질 거야."
셀리아는 아들을 목까지 물에 담갔다가 번쩍 공중으로 들어 올렸다.
"비행기다, 쑤웅."
허공에다 빙그르 돌리며 비행기 놀이를 했다.
"또, 또."
테테가 재미있는지 계속 해 달라고 졸랐다.
얼마나 물놀이를 했을까?
테테의 입술이 퍼레지기 시작했다.
"쮸워, 쮸워."
테테가 몸을 몹시 떨었다. 아무래도 심상치가 않았다.
셀리아는 아들의 몸을 목욕 수건으로 칭칭 감싸고 집으로 돌아왔다.
그날 밤, 테테는 심하게 기침을 했다.
린치가 의사를 집으로 불러왔다.
"선생님, 감긴가요?"
"음, 감기가 문제는 아닌 것 같습니다. 아무래도 천식성 기관지염 같습니다."
"천식성 기관지염이요?"
셀리아는 무모한 행동을 한 자신이 미웠다.

"우선 약을 지어 줄 테니 상태를 지켜보지요."
셀리아는 며칠 동안 약을 먹이며 아들 곁에서 밤을 지새웠다.
하지만 테테의 기침은 멈추지를 않았다.
에르네스토는 평생 자신과 함께 살아갈 만성 천식에 걸렸다.

에르네스토는 아홉 살이 되어도 천식 때문에 학교에 가지 못했다. 한 번 천식 발작을 하고 나면 걸을 힘조차 없었다. 며칠씩 침대에 꼼짝없이 누워 있었다.

침대에 누운 에르네스토가 할 수 있는 일은 책 읽기였다. 특히 남아메리카를 대표하는 시인 네루다의 시를 좋아했다.

에르네스토는 책 읽기가 지겨우면 아버지한테 배운 체스를 홀로 두었다. 천식을 앓는 아이, 에르네스토는 집에 갇혀서 외롭게 보내는 날이 많았다.

기운을 차리면 밖으로 뛰어나갔다. 한 번 나가면 지독하게 놀았다. 마치 자신의 체력과 씨름을 하는 것 같았다. 기운이 다 빠질 때까지 뛰어놀다 집으로 돌아온 에르네스토는 씻지도 않고 잠들기 일쑤였다.

축구, 탁구, 골프와 같은 운동도 열심이었다. 승마도 배우고, 때론 사격장에 가서 총 쏘기도 했다. 개울을 막아 만든 웅덩이에서 수영도 즐겼다. 또래들이 산으로 하이킹을 간다고 하면 거기도 빠지지 않았다.

이렇게 열심히 뛰놀다가도 갑자기 숨을 헐떡거리며 바닥을 뒹굴곤 했다. 천식 때문이다. 발작을 하면 친구들은 에르네스토를 업고 집으로

당나귀를 타고 있는 어린 에르네스토.

뛰어야 했다.

"아주머니, 에르네스토가 숨을 못 쉬어요."

때론 셀리아가 호흡기를 들고 달려가야 했다.

에르네스토가 밖에 나가면, 셀리아는 문 밖에 귀를 기울였다. 아이들 발자국 소리가 요란하면 호흡기부터 챙겨야 했기 때문이다. 셀리아는 늘 긴장하고 살았다.

왜 가난한 사람이 있죠?

콜롬버스의 아메리카 대륙 발견은 이곳에서 살던 원주민에게는 재앙이었다.

유럽인들은 라틴아메리카에 대규모 군대를 보냈다. 토착민인 인디오들을 죽였다. 겨우 살아남은 인디오들은 대부분 시골 외진 곳으로 밀려났다. 그곳에서 인디오들만의 공동체를 만들어 살았다. 철저히 세상으로부터 버림받은 삶이었다.

산업이 발전하자 인디오들은 그 나라의 고된 노동을 도맡아 했다. 하지만 정당한 대우를 받지 못하고, 고통스러운 삶을 살았다.

아르헨티나는 남아메리카 대륙의 남부, 칠레의 오른쪽에 자리잡고 있다.

아르헨티나는 16세기에 에스파냐의 침략을 받았다. 침략자들은 인디오를 몰아내고 도시를 세웠다. 그래서 아르헨티나에는 인디오와 유럽 이주민, 또한 토착민과 이주민 사이에 태어난 메스티조들, 그리고 노예로 끌려온 흑인들이 뒤섞여 살고 있었다.

에스파냐의 식민지였던 이곳은 1810년 독립운동을 벌였다. 1816년에는 부에노스아이레스를 수도로 하고 독립 국가를 세웠다.

백인인 에르네스토는 유럽 이주민의 자손이다.

 **라틴아메리카는 어떤 곳일까?**

중남미라고도 부른다. 북아메리카의 멕시코에서 남아메리카의 칠레에 이르는 지역을 일컫는다.

라틴아메리카는 콜럼버스가 대륙을 발견한 이래로 유럽의 식민 지배를 받았다. 19세기부터 독립운동이 일어나 여러 국가가 생겨났다. 식민지 시절부터 지배 세력인 대지주와 농업 노동자 사이의 빈부 격차가 컸는데, 이는 독립 이후에도 큰 사회 문제가 됐다.

또한 라틴아메리카의 국가들은 공통적으로 쿠데타와 독재 정치가 반복되는 정치 불안정을 겪었다. 이것은 라틴아메리카의 풍부한 자원을 노린 미국과 몇몇 강대국의 탓이 크다. 강대국들은 국민적 지지가 취약한 독재 정권을 지원하고, 그 대가로 자원을 헐값으로 가져가거나 산업의 운영권을 챙겼다.

에르네스토는 짓궂은 장난을 즐겼다.

아이들과 새총을 만들어 마을 가로등을 깨거나, 자신을 괴롭힌 친구 집에 몰래 들어가 피아노 건반에 똥을 싸 놓고 도망치기도 했다.

에르네스토의 눈에 보이는 건 모두 놀거리였다.

하루는 동네를 어슬렁거리며 돌아다니고 있는데, 파티를 하는 집이 있었다. 창틀에 매달려 안을 들여다보았다. 사람들이 맛있는 음식을 먹으며 신나게 춤을 추고 있었다.

라틴아메리카 여행의 동반자, 알베르토와 함께한 어린 시절.
키가 큰 소년이 알베르토, 작은 소년이 에르네스토.

에르네스토는 장난기가 발동했다. 마침 호주머니에 있던 폭죽에 불을 붙였다. 지지지직 타들어 갔다. 폭죽이 터지기 바로 전, 에르네스토는 열린 창문 안으로 폭죽을 던졌다.

팡 파바방 팡팡. 바바방 팡팡.

요란스럽게 폭죽이 터졌다.

"폭탄이다! 모두 피해!"

안에서 다급한 소리가 들렸다.

여기저기서 비명이 터져 나왔다.

탱고 음악을 연주하던 악사들은 악기를 내팽개쳤다.

음식을 나르던 하녀들은 쟁반을 떨어뜨렸다.

발을 구르며 춤을 추던 이들은 귀를 틀어막고 출입문으로 뛰쳐나왔다.

어떤 이들은 겁에 질려 식탁 밑으로 벌벌 떨며 기어 들어갔다.

창문 밖에서 이 요란한 광경을 즐기던 에르네스토는 배꼽을 잡고 웃으며 골목으로 사라졌다.

얼마나 도망쳤을까?

"야, 거기 서 봐!"

기다란 막대기를 창처럼 들고 서 있는 인디오 아이였다.

숨을 씩씩거리며 도망치던 에르네스토가 멈춰 섰다.

"여긴 내 구역이야. 함부로 지나갈 수 없어."

인디오들이 모여 사는 구역으로 온 거였다.

"뭐, 너네 구역이라고?"

에르네스토가 물었다.

"그래, 백인들은 내 허락 없이는 들어올 수 없어."

얼굴에 땟국이 흐르는 아이는 창을 내밀며 에르네스토를 막았다.

"응, 너네 구역이구나. 난 인디오들이 어찌 사는지 궁금해서 온 거야."

에르네스토는 호주머니를 뒤져 사탕 두 알을 건넸다.

사탕을 쥔 인디오는 누런 이를 드러내며 웃었다.

"나 주는 거야?"

"응, 먹어. 난 많이 먹었거든."

사탕을 까 입에 넣은 아이는 행복한 얼굴로 물었다.

"우리가 사는 게 궁금하다고?"

에르네스토는 궁금쟁이다. 에르네스토가 사는 마을에는 온갖 궂은 일을 하는 인디오들이 있는데 이들은 저녁이 되면 자신들의 구역으로 돌아갔다. 늘 허름한 옷을 입고 돌아다녔다. 제대로 먹지를 못하는지 배짝 말랐다. 이들이 어떻게 사는지 에르네스토는 늘 궁금했다. 언젠가는 인디오 마을을 탐험할 생각이었다.

"보여 주지. 대신 이 마을에서는 내가 대장이야. 날 대장으로 불러라."

"좋아, 대장. 대신 내가 사는 마을에 오면 내가 대장이다."

"까짓것! 그땐 널 대장으로 부르지, 뭐."

"난 에르네스토야."

에르네스토가 자신의 이름을 말했다.

"난 차코."

"난 아홉 살."

"나도 아홉 살."

"그럼 친구잖아. 우리 대장 졸병 할 거 없이 친구 하는 게 어때?"

에르네스토가 손을 내밀며 친구를 하자고 했다.

"친구? 내가 좀 손해지만……. 그러지 뭐."

차코가 악수를 했다.

차코는 자신보다 한 뼘이나 작은 에르네스토가 아홉 살이라는 게

거짓말 같았다. 하지만 맑은 눈빛이 좋아 속는 셈 치고 에르네스토와 친구 하기로 했다.

"난, 백인 집으로 빨래를 하러 간 엄마를 기다리고 있었어. 엄마가 밤에 올 때는 무척 기운이 없거든. 기다렸다가 엄마 짐을 들어 주러 나온 거야. 우리 식구는 일곱이야. 엄마, 아빠와 다섯 형제가 살지."

차코는 자신이 사는 이야기를 들려주었다.

"여기가 우리 집이야."

거적을 들추며 집 안으로 들어갔다.

집 안 풍경에 에르네스토는 말을 잃었다.

풀로 지붕을 덮고 나무 기둥 사이를 흙으로 메운 오두막.

사람이 사는 집처럼 여겨지지 않았다

일곱 식구가 사는 방에는 침대가 덜렁 하나뿐이었다. 방과 거실, 주방이 나누어져 있지도 않았다. 둘러보니 세간도 없었다. 찌그러진 냄비와 구멍 난 그릇 몇 개가 한쪽 구석에 뒹굴고 있었다.

"여기서 식구가 다 산단 말이야?"

"그래. 일곱이서."

"침대가 하난데?"

"우리 형제들은 바닥에서 자."

카펫은커녕 시멘트도 발라지지 않은 흙바닥이었다.

"여기서?"

차코가 고개를 끄덕였다.

이불이 보이지 않았다.

"추울 땐 뭘 덮어야 할 거 아냐?"

"신문지나 거적을 덮고 자면 견딜 만해."

차코의 집을 둘러본 에르네스토는 큰 충격을 받았다. 어떻게 차코와 헤어졌는지 생각이 안 날 정도다.

남들도 자신처럼 침대에서 포근한 이불을 덮고 잘 거라 생각했다. 누구나 밥은 식탁에 앉아 먹는 줄 알았고, 책은 책상에 앉아 읽는 줄 알았다. 그런데 흙바닥에 달랑 침대 하나밖에 없는 집이 있다니.

그날 밤, 아버지에게 차코의 집 이야기를 했다.

"왜, 가난한 사람이 있죠? 다 똑같은 사람인데, 누구는 왜 가난하게 살아야 하죠? 차코네 동네 사람들은 다 그렇게 산데요. 공평하지 않잖아요."

아버지는 두꺼운 검은 뿔테 안경을 매만지며 에르네스토에게 인디오가 유럽 침략자들에게 당한 고통의 역사를 들려주었다.

"못나서 가난한 게 아니야. 부자들 욕심이 가난한 사람을 만든 거란다."

에르네스토는 무슨 말인지 정확히 알 수 없었다. 게으르거나 가난하고 싶어서 차코네가 어렵게 사는 게 아니라는 정도만 어렴풋이 짐작했다.

"어떡해야 가난에서 벗어날 수 있죠?"

에르네스토가 물었다.

"가난에 맞서 싸울 줄 알아야 한단다."

"가난과 싸울 줄 알아야 한다고요? 가난과 어떻게 싸우죠?"

"가난하게 만드는 세력에 맞서 가난한 사람들이 뭉쳐야 한다는 말이지."

"가난한 사람이 뭉친다고요?"

에르네스토의 가슴이 쿵당쿵당 뛰기 시작했다. 아버지의 말뜻이 아리송했지만 뭔가 모를 새로운 기운이 온몸을 감쌌다.

 인디오는 누구일까?

북아메리카 인디언과 구별하여 라틴 아메리카 원주민을 인디오라고 부른다. 처음 아메리카 대륙을 발견한 유럽인들은 이곳을 인도로 생각했다. 그러니까 인디오는 이곳을 식민 통치했던 에스파냐의 '인도인'이라는 말이다.

에스파냐 식민 통치자들은 이곳에 군대를 파견해 인디오를 탄압했고, 이곳의 고유 문명을 파괴했다. 인디오들은 온갖 차별을 받았고, 배고픔에 시달렸다.

민중의 집

"아버지, 차코를 우리 집에 데려와도 돼요?"

비가 많이 오자 에르네스토는 친구가 걱정됐다. 이 정도 비면 차코가 잠 잘 흙바닥은 엉망일 거다.

"물론 괜찮고말고."

린치는 누구나 맘 편하게 쉬어 갈 수 있는 민중의 집을 구상 중이었다.

린치는 대문에 '민중의 집' 문패를 달았다.

에르네스토 집 1층의 널따란 거실과 부엌의 문은 늘 열려 있었다. 배고프면 언제든 들어와 밥을 먹을 수 있었고, 잠 잘 곳이 마땅하지 않으면 언제든 잠을 잘 수 있었다.

에르네스토 식구들은 주로 침실이 있는 2층에서 지냈다.

민중의 집을 드나드는 이들의 대부분은 에르네스토가 데려온 아이들이었다. 차코네 동네에서 굶주리는 아이들을 보면 먹을거리를 주겠다고 데리고 왔다. 대부분 광부나 호텔 노동자의 자식들이었다.

에르네스토는 자신의 2층 침실을 차코에게 종종 빌려 줬다. 자신은 1층에서 배고프고 가난한 이들과 자는 걸 즐겼다. 복작복작한 자신의 집이 놀이공원 같아 행복했다.

수영장에서 부모님, 동생들, 알베르토와 함께. 맨 왼쪽이 알베르토, 맨 오른쪽이 에르네스토.

천식 때문에 늘 눈썹 사이에 깊은 주름을 패며 살았던 에르네스토였다. 자신의 집이 사람들로 넘치자 그 주름이 펴지기 시작했다. 천식을 앓고 나면 심하게 짜증을 부리던 성격도 점차 사라졌다.

"여보, 에르네스토는 가난한 이들과 어울릴 때가 가장 즐거워 보여요. 이들이 있으면 몸이 힘들어도 짜증을 내지 않아요."

어머니 셀리아는 남편에게 이렇게 말했다.

열서너 살 적 방학 때였다.

에르네스토는 민중의 집에 오는 이들처럼 자신도 땀 흘리며 일하고 싶었다.

"아버지, 저도 일을 하고 싶어요."

"일? 무슨 일?"

"저도 광산이나 농장 같은 곳에서 남들처럼 노동을 할래요."

"넌 아직 어려서 일을 시키겠다는 곳이 없을 텐데."

"차코도 포도 농장에서 일해요. 농장 주인한테 부탁해 주겠다고 했어요. 제발요."

린치는 걱정이 앞섰다. 에르네스토는 다른 아이들보다 키가 작았다. 천식에 시달려 자라지 못했다. 그래서 나이보다 두세 살은 어려 보였다. 게다가 언제 천식 발작을 일으킬지 모르지 않는가.

"방학 동안만요……."

아들의 눈빛이 간절했다.

"대신 열심히 해야 한다. 말썽 피우지 말고!"

아버지는 허락했다. 천식을 이유로 언제까지나 부모 곁에 끼고 살 수는 없는 노릇이었다. 아들을 강하게 키우고 싶었다.

농장 일은 쉽지가 않았다. 햇살이 무척이나 뜨거웠다. 포도 따는 일을 겨우 한두 시간만 해도 머리가 핑 돌았다.

에르네스토는 키가 작아서 박스 위에 올라서야 했다. 상자를 디뎌도 고개를 쳐들고 손을 바짝 뻗어야 포도를 딸 수 있었다.

일을 시작하자마자 옷은 땀으로 축축이 젖었다. 목도 뻣뻣하게 굳었다. 어깨도 마비가 되는 듯했다.

　오전 일을 마치면 온몸의 기운이 쏙 빠졌다. 점심 도시락을 먹을 기운도 없었다. 맹물만 냅다 마셨다.

　차코는 전혀 지치지 않아 보였다.

　"넌 힘들지 않니?"

　"처음엔 힘들었지. 하지만 지금은 괜찮아. 광산에서 돌을 지어 나르는 일에 비하면 식은 죽 먹기지."

　"난 집에 가면 바로 곯아떨어져. 그런데 너무 기분이 좋아. 꼭 어른이 된 거 같아."

　"감독관이 보이지 않으면 눈치껏 쉬면서 하는 거야. 넌 너무 열심히 하는 것 같아. 그렇게 하면 오래 못해."

　차코가 몰래 쉬는 법을 가르쳐 준다.

　"그러고 싶진 않아. 난 방학 동안만 하는 거잖아. 평생 이 일을 하며 사는 사람들의 마음을 알고 싶어."

　차코는 고개를 갸웃거린다. 에르네스토 말이 이해가 되지 않았다.

　"넌 부모님도 잘사는데 왜 이런 일을 하려는지 모르겠어."

　에르네스토는 물을 한 모금 들이켰다.

　"어릴 적 아버지가 그랬어. 가난은 가난한 사람끼리 뭉쳐서 싸워야 이겨 낼 수 있다고. 난 가난한 사람들이 어떻게 하면 뭉칠 수 있을까를 찾는 거야."

　"넌 역시나 골 때리는 몽상가야. 그래서 난 네가 좋아."

"난 나중에 건축가가 될 거야. 그래서 너네 마을에 멋진 집들을 지어 줄게. 흙바닥에서 자지 않도록 침실도 만들고, 멋진 주방도 만들어 줄 테니 기다려."

"오, 멋진걸. 건축가가 되면 내게도 일을 줘. 내가 톱질이랑 망치질을 제법 하거든."

차코와 에르네스토의 수다가 이어졌다.

"요놈들. 일하지 않고 뭐하는 거냐. 빨리 일하지 않으면 오늘 일당은 없어."

감독관이었다.

에르네스토와 차코는 벌떡 일어나 어깨에 자루를 들쳐 멨다.

포도 농장에 나간 지 나흘째 되는 날이었다.

기어코 일이 벌어지고 말았다. 에르네스토가 천식 발작을 일으켰다. 포도를 따다가 상자에서 픽 하고 쓰러졌다. 얼굴이 하얗게 질렸다. 숨을 헐떡였다. 에르네스토의 몸이 바르르 떨렸다.

차코가 호흡기를 가지고 응급조치를 했다. 다행히 심하지는 않았다. 그늘에 눕혔더니 잠시 뒤 정신을 차렸다. 하지만 기운이 쭉 빠진 에르네스토는 다시 일을 할 수가 없었다.

농장 주인도 집으로 돌아가라고 했다.

"품삯은 주셔야지요."

"품삯이라고? 네깟 놈이 일이나 제대로 한 줄 알아! 뭘 했다고 품삯이야."

　　농장 주인은 험상궂게 인상을 쓰며 말했다.

　　여기서 물러날 에르네스토가 아니었다. 품삯을 주지 않으면 절대 돌아갈 수가 없다고 버텼다.

　　농장 주인은 마지못해 품삯의 절반만 계산해 주었다.

"네가 한 일에 비하면 이것도 많이 셈해 준 줄 알아."

억울했다. 하지만 어디 하소연할 데도 없었다. 에르네스토는 분한 마음을 누르며 농장을 나섰다.

"잠깐만."

누군가가 불렀다. 함께 일했던 인디오 아저씨다.

"품삯은 받았어?"

"절반만 줬어요. 이건 말도 안 돼요."

"절반을 받았다고? 정말이야? 절반을 받았으면 다 받은 셈이야."

"다 받은 거라니요?"

인디오 아저씨는 이 농장 주인이 어떤 일꾼한테도 일한 삯을 전부 준 적이 없다고 한다. 이런 저런 이유를 들어 삯을 떼어먹기가 일쑤란다. 이 농장에서 절반의 삯만 받아도 운 좋았다고 여긴단다.

에르네스토는 의문이 생겼다. 세상은 학교에서 배운 내용과 다르게 움직이고 있었다. 정당한 대가를 주지 않는 농장 주인의 처사를 당연히 여기며 일하다니!

집으로 돌아오는 에르네스토는 다짐했다.

'좀 더 크면 세상을 돌아다녀야겠다. 세상 구석구석에서 벌어지고 있는 일들은 절대 학교에서 배울 수 없는 것들이야.'

에르네스토는 한 살 한 살 나이를 먹을수록 더 너른 세상을 향해 달려가고 싶은 욕구에 시달렸다. 이때부터 에르네스토는 자신이 사는

에르네스토는 자전거를 타고 여기저기 떠돌아다니기를 좋아했다.

곳과 멀리 떨어진 곳으로 여행을 가기 시작했다. 학교를 가지 않는 날에는 자전거를 타고 동서남북으로 무작정 달렸다.

말랐어도 통뼈

또래보다 작았던 에르네스토는 열여섯 살이 되자 키가 부쩍 자랐다.

이즈음 알베르토와 사귄다. 알베르토는 에르네스토보다 여섯 살이 많다. 하지만 누구보다 맘이 잘 맞아 친구처럼 지냈다.

알베르토는 대학에서 생화학과 약학을 전공하고 있었다. 키가 160센티미터도 되지 않아 '땅꼬마'라는 별명을 갖고 있었다. 워낙 유머 감각이 좋고, 누구하고도 쉽게 사귀는 알베르토는 엄청난 매부리코다. 키는 작아도 가슴이 딱 벌어졌다. 탄탄한 근육질의 다리를 지녀 만능 운동선수로 통했다.

알베르토는 동네 럭비팀 코치를 맡고 있었다.

운동이라면 가리지 않고 달려드는 에르네스토다. 자신도 럭비팀에 넣어 달라고 알베르토에게 졸랐다.

"삐쩍 말라 멀대처럼 키만 자란 네가 럭비를 하겠다고?"

"내가 말랐어도 통뼈라고. 누구한테도 밀리지 않거든."

알베르토는 코를 손으로 매만지더니 씩 웃는다. 장난기가 일었다.

"미안한 말이지만, 넌 안 돼. 럭비가 장난인 줄 알아. 태클 한 방에 백 미터 뒤로 나자빠질걸. 아니면 허리가 두 동강 나든지. 포기해."

에르네스토는 자존심이 상했다.
"뭐라고? 씨름 한판 할까?"
에르네스토는 손아귀에 힘을 주며 싸울 기세로 말했다.
"럭비는 깡다구로만 하는 게 아냐. 기술과 끈기, 판단력, 그리고 유연성도 있어야 하거든."
알베르토는 체력 시험에 통과하면 럭비팀에 넣어주겠다고 했다.
"뭐든지 시켜 봐. 이래 봬도 운동이라면 누구에게 뒤지지 않으니."
에르네스토가 눈을 부릅떴다.
"아직 우유를 더 먹어야 할 건데. 그렇지만 너에겐 특별히 쉬운 테스트를 하나 하지. 의자 사이에 장대를 걸쳐 놓을 테니, 여기를 좌우로 열 번만 뜀뛰기를 해 봐."
"그것쯤이야."
에르네스토는 숫자를 세며 장대를 뛰어넘기 시작했다.
"하나, 둘, 셋, 넷…… 스물, 스물 하나…….''
에르네스토는 스무 번이 넘어도 멈추지를 않았다.
"합격이야. 그만해."
에르네스토는 계속 뛴다.
알베르토는 무안해졌다.
동네 럭비팀은 사실 체력 시험을 거치지 않는다. 에르네스토를 놀리려고 한 테스트였다. 그런데 에르네스토가 너무 진지하게 뛰고 있었다.

럭비 선수들도 스무 번을 뛰어넘는 사람이 많지 않았다. 그런데 에르네스토는 스무 번을 뛰고서도 멈추지 않는다. 벌써 서른 번을 넘겼다.

"아, 그만 그만. 널 주전 선수로 뽑을 테니, 그만."

에르네스토는 멈추지 않았다. 알베르토가 자신을 놀리려는 속셈이었단 걸 이미 알고 있었다. 다시는 자신을 놀리지 못하게 이를 악물고 뛰었다.

"다시는 널 깔보지 않을 테니, 제발 그만."

알베르토가 에르네스토의 어깨를 붙들고 사정을 하자 그제야 뛰기를 멈췄다.

에르네스토는 온몸이 땀으로 흠뻑 젖었다. 발동기 소리처럼 숨소리가 요란했다. 얼굴에는 알베르토의 기를 꺾었다는 자신감이 가득했다.

라틴아메리카 전역이 빈부 격차로 몸살을 앓았다.

유럽의 식민지 지배가 끝나자 미국의 간섭이 심해졌다.

미국은 풍부한 천연자원을 지닌 라틴아메리카를 자신의 영향력 아래에 두려고 애를 썼다. 미국의 지배력에서 벗어나려는 국가가 있으면 야망에 찬 군인을 지원하여 쿠데타를 일으켰다. 이러니 나라가 늘 혼란이었다. 쿠데타에 또 쿠데타. 정권이 바뀌기를 거듭했다. 당연히 국민들의 삶은 어려웠다. 권력을 잡으려고 나서는 이들은 많아도 국민의 삶

을 챙기는 지도자는 찾기 힘들었다.

설령 민주 정부가 들어서도 곧바로 쿠데타로 무너지기 일쑤였다.

1943년 아르헨티나에서는 장교들이 비밀리에 힘을 모아 대통령을 몰아냈다. 쿠데타 세력은 곧바로 계엄령을 내렸고, 의회도 해산했다. 독재 정치가 시작됐다.

알베르토가 다니던 대학에서는 독재에 맞서 시위를 벌였다. 시민들도 민주주의를 되찾으려고 거리로 뛰쳐나왔다.

시위에 참여했던 알베르토는 구속이 되었다.

고등학교에 다니던 에르네스토는 교도소로 찾아갔다.

"형, 고생 많지?"

에르네스토의 말에 알베르토는 짓궂은 웃음을 띠었다.

"고생이라니! 이곳이 얼마나 좋은지 모르는군. 날마다 고기를 너무 많이 줘서 배가 터질 것 같은 고문을 받는 것 빼놓고는 힘든 게 없어."

홀쭉해진 알베르토가 능청을 떨었다.

"하하하. 형은 정말 못 말려."

안타까운 얼굴로 알베르토를 찾아갔던 에르네스토가 웃고 말았다.

"군사정권을 몰아내는 데는 너나가 없는 거야. 고등학생들도 힘을 모아서 싸워야 해. 에르네스토, 네가 앞장을 서 줘."

알베르토가 부탁했다.

"난, 나서지 않을 거야."

에르네스토가 고개를 흔들었다.

"나서지 않겠다고?"

예상하지 못한 대답에 알베르토는 놀랐다.

"난 총과 대포 앞에서 맨손으로 구호만 외치는 일은 반대야. 그래서는 민주주의를 얻을 수 없다고 생각해. 총을 쥐고 싸울 거야. 난 무기를 들고 싸울 날을 준비할 거야."

에르네스토의 말은 예사롭지가 않았다.

"무기를……."

알베르토는 더 이상 시위에 나서라는 말을 할 수가 없었다. 절친했던 에르네스토가 자신의 제안을 거절해 마음이 상했다. 하지만 에르네스토 눈빛에서 새로운 계획을 읽을 수 있었다. 알베르토는 섭섭함을 잠시 접어 두었다.

건축학에서 의학으로

1946년 에르네스토는 데안푸네스 대학 건축학과에 합격했다. 건축가가 되겠다던 친구 차코와의 약속을 잊지 않았다.

에르네스토는 입학에 앞서 도로 건설 현장에 취직했다. 대학 등록금 정도는 자신이 벌고 싶었다. 또한 자신이 공부할 학문을 미리 현장에서 익히고 싶었다.

건설 회사에서 먹고 자며 일이 몸에 익을 무렵이었다.

어머니한테서 편지가 왔다. 할머니가 뇌졸중으로 쓰러졌다는 내용이었다. 에르네스토가 방학 때 찾아가면 누구보다도 반겨 주던 할머니였다.

천식에는 마테 차가 좋았다. 할머니는 맛과 향이 좋은 마테 찻잎이 있다는 소리를 들으면 손자를 위해 수단을 가리지 않고 구해 왔다.

그런 할머니가 몇 해 전부터 후두암을 앓고 있었다. 당시의 의술로는 치료를 할 수가 없었다. 의사가 할 수 있는 일이란 고통을 덜어 주는 진통제를 처방하는 게 고작이었다. 에르네스토는 고칠 수 없다는 말을 너무나 자연스럽게 하는 의사가 미웠다.

'의사가 아무런 치료를 할 수 없다니!'

이해가 되지 않았다.

이때부터 에르네스토의 마음 한구석에는 의사가 되고 싶다는 생각이 싹텄다. 하지만 건축가가 되어 가난한 이들에게 안락한 집을 지어 주겠다고 한 차코와의 약속을 어길 수도 없었다. 그래서 의사의 꿈은 뒤로 미루고 건축학과에 지원했다.

후두암으로 고생하던 할머니가 뇌졸중으로 쓰러졌다는 말에 에르네스토는 곧바로 부에노스아이레스로 달려갔다.

에르네스토의 할머니, 아나 린치.

할머니는 손자가 와도 아무런 말도 하지 않았다. 에르네스토가 손을 잡자, 할머니의 손아귀에 조금 힘이 들어갔다.

"할머니, 아직은 아니에요. 제가 건축가가 되는 것은 보셔야지요."

에르네스토가 침대 곁에 앉아 말을 하지만 할머니는 눈만 껌벅거릴 뿐이었다.

할머니는 아무것도 먹지를 않았다.

"먹어야 일어날 수 있어요. 조금이라도 드세요."

에르네스토는 죽을 할머니 입안으로 조금씩 흘려 넣어 주었다.

그날부터 에르네스토는 밤낮 가리지 않고 할머니 곁을 지켰다.

할머니가 듣든 말든 책을 읽어 주었다. 마비가 온 손과 다리를 주물렀다. 할머니는 가끔 몸을 움찔했다. 그럴 때마다 에르네스토는 흥분

했다.

"할머니가 움직였어요! 기운을 차린 것 같아요!"

하지만 그뿐이었다.

에르네스토가 온 지 열닷새가 되는 날부터는 아예 눈을 뜨지도 않고 쌕쌕 숨만 쉬며 잠만 잤다.

"제가 재미난 이야기 해 줄 테니 눈 좀 뜨세요. 저한텐 잠꾸러기가 되지 말라고 하시더니…… 왜 할머니는 잠만 자요."

열엿샛날 저녁이었다.

할머니 침대 곁에 앉아 있던 에르네스토가 잠깐 졸았다.

얼굴에 따뜻한 느낌이 들었다. 깜짝 놀라 눈을 떴다. 이불 속에 있던 할머니 손이 자신의 뺨에 올려져 있었다.

"할머니!"

할머니는 대답 대신 눈을 세 번 깜박였다.

"일어나셨구나!"

에르네스토는 흥분이 되었다.

할머니는 왼손 가운뎃손가락을 세 번 까닥거린다.

에르네스토는 할머니 손을 살며시 잡는다.

할머니가 이번에는 입술을 꿈질꿈질한다.

"네, 말씀하세요."

에르네스토가 할머니 입 가까이에 귀를 댄다.

하지만 아무 소리도 들리지 않았다.

조금 가빠진 숨소리만 울렸다.

에르네스토가 할머니 얼굴에 자신의 뺨을 대며 말한다.

"할머니 사랑해요. 제게 사랑한다는 말 한 번만 해 주세요."

할머니는 아무런 말이 없다. 대신 눈이 촉촉해지더니 한 줄기 눈물을 흘린다. 그러더니 할머니는 다시 깊은 잠에 빠졌다.

열이렛날 새벽.

할머니는 새근새근 쉬던 숨마저 멈췄다.

팔과 다리가 차가워졌다.

할머니를 부에노스아이레스 공원묘지에 묻고 가족들이 집에 모였다. 침통한 분위기로 조용히 마테 차를 마셨다.

"이 마테 차도 어머니가 구해 오신 거예요."

셀리아가 시어머니를 그리워하며 말했다.

그때다.

"어머니, 아버지. 그리고 이모. 건축 공부를 포기할래요."

에르네스토의 갑작스런 선언이었다.

"포기한다고?"

깜짝 놀란 아버지가 찻물을 쏟았다.

"의사가 될래요. 의과대학에 가겠어요."

에르네스토의 눈빛이 뜨거웠다.

모두들 입을 다물고 에르네스토만을 바라봤다.

1947년 에르네스토는 의과대학에 합격했다.

대학생 에르네스토는 공부에 온 힘을 다했다.

물론 책벌레로만 살지는 않았다. 럭비, 축구, 수영과 같은 운동도 게을리하지 않았다. 장대높이뛰기 선수로 대회에 나가기도 했다. 천식을 앓으며 아버지에게 배운 체스 실력은 수준급이었다. 에르네스토는 대학생 체스 선수권 대회에도 나갔다.

반짝반짝 광이 난 구두와 칼날처럼 다림질을 한 바지에 멋진 코트를 입은 대학생들이 부에노스아이레스 거리를 누비던 시절이었다.

에르네스토는 여느 대학생과 달랐다. 중고품 시장에서 낡은 구두를 사서 신었다. 제 몸보다 큰, 빛바랜 점퍼를 입고 다녔다. 청바지와 카우보이 부츠를 청년들의 상징처럼 여길 때도 에르네스토는 허름한 옷만 입었다.

에르네스토는 옷을 갈아입는 걸 싫어했다. 하얀 셔츠가 회색빛이 되도록 한 옷만 줄곧 입고 다녔다.

"넌 까만 옷만 입어라. 흰 옷은 맞지 않아. 너에게 가면 모든 게 까매지잖아."

알베르토가 검지를 좌우로 흔들며 놀렸다.

"요즘은 일주일에 한 번씩은 빨아 입거들랑. 내 가방 속에 담긴 럭비 셔츠는 25주 전에 빤 거야."

에르네스토는 아무렇지도 않다는 듯 우스개를 했다.

늘 반바지 차림이었던 에르네스토가 하루는 긴 바지를 입고 학교

럭비복을 입고 친구들과 함께 찍은 사진. 맨 오른쪽이 에르네스토.

에 왔다.

"웬일이니? 오늘 결혼식이라도 하니?"

친구들이 에르네스토의 차림에 깜짝 놀라 물었다.

"응, 3년 만에 반바지를 빨았더니 비누를 비비는 순간 다 해지는 거야. 어쩔 수 없이 아버지 바지를 입었지."

에르네스토는 천연덕스레 농담으로 대꾸했다.

에르네스토의 관심은 옷에 있지 않았다. 아니 깔끔하게 차려입거나 유행을 따라 하는 걸 일부러 거부했다. 옷 살 돈이 있으면 여행을 떠나겠노라고 말하곤 했다.

　에르네스토는 쉬는 날이면 부에노스아이레스를 떠났다.

　전동 자전거를 타고 떠나기도 하고, 히치하이킹을 하기도 했다. 목적지가 있는 것은 아니었다. 길이 있는 곳이 곧 목적지였다. 때론 길이 끊긴 오지에도 스스럼없이 길을 내며 갔다.

　그에게 여행은 삶이다. 그리고 배움이다.

라틴아메리카의 땅에 귀를 대면 신음이 들리지 않는 곳이 없다. 길에서 만나는 인디오와 노동자, 농민이 자신의 스승이다.

에르네스토는 힘든 노동을 마치고 집으로 돌아가는 이를 만나면 말을 걸었다.

자신의 배낭에서 마테 차를 꺼내 대접했다. 빵 한 조각을 곁들여.

대신 에르네스토는 그들의 삶과 노동을 들려 달라고 졸랐다.

에르네스토는 깨달았다.

'사람의 병은 저절로 생긴 게 아니다. 가난을 강요하는 불평등한 사회가 사람을 병들게 한다. 병의 원인은 배고픔과 고된 노동에서 비롯된다. 환자에게 약을 처방하고, 주사를 놓는 일만이 의사의 역할은 아니다. 배고픔의 원인을 고치지 않는 치료는 밑 빠진 독에 물 붓기다. 사람을 아프게 하는 불평등한 사회를 고치는 게 의사가 해야 할 역할이 아닐까?'

예비 의사 에르네스토의 눈에서 새로운 꿈이 빛을 뿜기 시작했다.

그 꿈이 모터사이클 여행으로 이어졌다.

알베르토와 함께 라틴아메리카를 달리는 황당한 여행.

2. 길 위에서 배우다

떠돌이 노동자를 만나다

부에노스아이레스를 떠난 모터사이클은 쉬지 않고 달렸다.
아르헨티나를 가로로 질렀다. 안데스 산맥을 향하고 있다. 가족들의 걱정 속에 부에노스아이레스를 떠난 지 벌써 4주가 되었다.

우리는 뜨거운 햇살을 받으며 출발했고 메다노스 근처 모래언덕에 도착했을 때쯤에는 햇볕이 훨씬 뜨거워져 있었다. 짐을 잔뜩 실은 오토바이가 제멋대로 튀어 올라 바퀴가 헛도는 사태가 수없이 연출되었다. 알베르토는 모래와 힘겨운 사투를 벌여야 했다. 나중에 이 이야기를 할 때마다 그는 자신이 모래와의 싸움에서 이긴 승자라고 주장했다. 어쨌거나 한 가지 확실한 것은 여섯 번이나 멈춰 선 다음에야 모래벌판에서 평지로 빠져나왔다는 사실이다.

평지에 접어든 뒤에는 내가 운전대를 잡았다. 나는 까먹은 시간을 보상하려고 속력을 높였다. 그런데 잔모래가 덮인 커브 길을 돌다가 미끄러져 쾅하고 넘어지고 말았다. 이번 여행 중 최악의 사고였다. 알베르토는 무사했지만 나는 발이 끼여 실린더에 화상을 입었다. 상처가 좀처럼 아물지 않아 나는 그 '불쾌한 기념품'을 꽤 오랫동안 끌고 다녀야 했다.

– 《체 게바라의 모터사이클 다이어리》 가운데서

다행히 포데로사는 아직까진 멀쩡했다.

가끔 부품을 고정시키는 나사가 떨어져 나가는 일이 생기긴 했다. 하지만 걱정이 없다. 철사가 있었다. 나사 대신 이곳저곳을 철사로 옭아맨 포데로사는 누더기를 껴입은 듯했다.

"우리에게 철사가 없었더라면 일주일도 달리지 못했을 거야."

에르네스토는 덜렁거리는 실린더를 철사로 단단히 묶으며 말했다.

"내가 뭐랬니, 철사가 꼭 필요하다고 했지?"

알베르토는 다리를 쭉 펴고 바닥에 퍼질러 앉아 말했다.

"구경만 하지 말고 마테 차라도 끓여 봐."

화상 입은 다리를 붕대로 감은 에르네스토가 말했다.

"네, 모터사이클 정비사님. 조수가 차를 한잔 올리겠나이다."

알베르토가 버너를 꺼내 찻물을 끓였다.

그때 흙먼지를 일으키며 낡은 배낭을 멘 노동자 차림의 인디오가 걸어오고 있었다.

"아저씨! 어딜 가십니까? 마테 차 한잔 하세요."

에르네스토가 노동자를 불렀다.

"그럴까요. 마침 갈증이 나던 참이었는데."

노동자가 오토바이 곁으로 와 앉았다.

"난 언덕 너머 포도 농장에 일자리를 구하러 가는 중이오."

"집은 어디세요?"

"난 떠돌이 노동자요. 철마다 농장을 돌며 일을 하지요. 지금은 면화 농장에서 오는 길입니다."

"아니? 면화 농장에서 여기까지 걸어온 거예요?"

"차를 탈 형편이 됩니까? 사나흘만 걸으면 되는데, 뭘."

"사흘을 이리 걸어왔다고요?"

"어떤 때는 일을 찾아 보름 넘게 걸은 적도 있다우. 그런데 젊은이들은 어딜 가는 거요?"

"라틴아메리카 구석구석을 돌아다니는 중입니다."
에르네스토의 말에 노동자는 의아해했다.
"왜 돌아다니는 거요?"
고개를 갸웃하며 노동자가 물었다.
"여행이지요. 헤헤. 이제 한 달이 되어 갑니다. 칠레로 넘어갈 거예요. 헤헤."
알베르토가 머리를 긁으며 말했다.
"맙소사. 아무런 까닭도 없이 이 생고생을 한다고? 돈을 벌려는 것도 아니고, 참. 나 같은 사람은 여행이 뭔지, 당최 이해가 되지 않는구려."
노동자는 어처구니가 없는지 혀를 찼다.
"그게 아니라……."
에르네스토는 이 여행의 의미를 말하려다 입을 다물었다.
내가 사는 땅, 그리고 앞으로 내가 살아갈 땅을 알고 싶어 여행한다는 말을 하고 싶었다. 하지만 어떻게 설명해야 할지가 떠오르지 않았다. 하루하루 먹고 살려고 수백 킬로미터가 넘는 길을 떠도는 노동자에게 무슨 말로 설명한단 말인가. 어떤 그럴 듯한 변명도 노동자에게는 사치로 여겨질 거다.
"마테 차는 고맙소. 난 오늘 안으로 농장에 가야 하니 이만. 세상에는 나처럼 일만 하며 떠도는 노동자도 있다는 걸 잊지는 말아 주소."
떠돌이 노동자가 무거운 어깨를 끌고 길을 나섰다.

그날 에르네스토와 알베르토는 아무 말도 하지 않았다.

모터사이클은 다시 움직였다. 해가 저물기 시작했다. 숲이 깊은 삼림 지대에 닿았다.

알베르토는 서둘러 텐트를 치기 시작했다.

에르네스토는 숲 속으로 걸어갔다.

"텐트 치지 않고 어딜 가는 거야. 해가 금방 떨어진다고."

알베르토가 씩씩거리며 소리쳤다.

에르네스토는 아무 말 없이 나무 사이로 사라졌다. 낮에 만난 노동자가 잊혀지지 않았다.

'죽도록 일해서 먹을거리를 만들고 물건을 만드는 건 인디오들이다. 그런데 정작 그걸 누리는 이들은 백인 부자들이다. 사회는 동전처럼 양면을 가지고 있다. 이제껏 나는 가난한 이에게 베풀어야 한다고 생각했다. 이는 동정에 불과했다. 인디오는 여행이 뭔지조차도 모르고 일만 쫓아다니지 않는가.'

그날 밤 에르네스토는 열이 나고 기침을 심하게 했다.

에르네스토의 몸살 때문에 하루를 마을에서 쉬면서 보냈다.

알베르토는 영양이 부족해 그렇다며 양고기를 사다 구워 주었다.

"잘 먹어 둬. 앞으로 언제 맛볼지 모르는 고기니까."

무일푼 여행자의 행복

안데스산맥을 향해 포데로사가 달린다.
어느덧 어둠이 내린다. 사람이 사는 마을은 보이지 않는다.
오토바이의 전조등은 켜지지 않았다. 손전등을 켜고 천천히 달렸지만 어둠을 이길 수는 없었다.
벌판에서 밤을 지새우며 날이 새기를 기다려야 했다.
텐트를 쳤다. 이미 먹을거리도 다 떨어졌다. 마을을 만난 지 나흘이 지났다. 주변에 물조차도 없어 마테 차 한잔도 마실 수 없었다. 배고픔과 갈증을 이겨 내려면 어서 잠드는 수밖에 없다.
텐트에 들어가 누웠다. 배가 고프니 잠이 오지 않았다.
"아! 소고기 수프에 살짝 구운 스테이크가 먹고 싶다."
알베르토가 주절거렸다.
"눈앞에 빵이 날아다니는 거 같아."
에르네스토가 허공에 손을 휘저으며 말했다.
"아, 따뜻한 마테 차라도."
"아, 물 한 모금이라도."
그렇게 먹을거리를 상상하고 있을 때다.
살랑거리던 바람 소리가 거세지기 시작했다. 텐트에 부딪히는 바람이 요란스럽게 짖어 댔다. 예사롭지가 않다. 당장이라도 텐트가 날아갈 듯하다.

허허벌판이라 바람을 피할 곳이 없었다.

"이러다간 우리도 날아가겠다."

밖으로 나와 텐트를 붙잡아 매려던 알베르토가 외쳤다.

쿵.

포데로사가 바람에 쓰러졌다. 바람이 어찌나 센지 모터사이클이 이삼 미터 쓸려 갈 정도이다.

"저기 전봇대가 있다. 잡아매자."

에르네스토가 포데로사를 낑낑대며 세웠다.

전신주에 오토바이를 단단히 묶었다.

텐트는 다시 칠 엄두가 나지 않았다.

둘은 포데로사를 바람막이 삼아 전봇대에 등을 기대고 앉았다. 침낭을 꺼내 덮을 수도 없었다. 바람이 언제 침낭을 앗아갈지 모를 노릇이다.

모래바람을 보며 알베르토가 소리쳤다.

"허리케인이야!"

희미하게 동이 틀 무렵에서야 바람도 지쳤는지 누그러졌다. 그제야 두 사람은 모래 바닥에서 눈을 붙일 수 있었다.

피곤에 지친 터라 얼굴이 빨갛게 익도록 잤다. 눈을 뜨니 해가 얼

굴 위에 떠 있다.
　오토바이를 덮어 두었던 천막은 어디로 사라졌는지 보이지를 않는다.

"이제 하늘을 가려 줄 지붕마저 사라졌군!"
알베르토가 절망에 절은 목소리로 투덜댄다.
다시 포데로사를 몰고 길을 떠났다.

빵을 언제 먹었는지 기억조차 나지 않는다. 빨리 마을에 도착하지 못하면 얼키설키 철사로 꿰맨 포데로사보다 먼저 세상을 하직할지 모른다.

그런데 1킬로미터도 가지 않았는데, 집 한 채가 보이는 게 아닌가.

"거 봐. 내가 조금만 더 가면 마을이 있을 거라 했잖아."

알베르토가 에르네스토를 나무랐다.

"어두워서 멈춰야 할 거 같다고 형이 말했잖아."

에르네스토가 따졌다.

"뭔 소리? 내 말은 1킬로미터 정도 더 가서 멈추자는 말이었어. 그런데 네가 시동을 껐잖아."

"알았어, 알았어. 어서 뭘 좀 얻어먹자."

에르네스토가 문을 두들겼다.

모래 먼지를 뒤집어쓴 두 청년을 본 주인 부부는 깜짝 놀랐다.

"누, 누구요?"

"헤헤, 저희는 여행자입니다."

알베르토가 며칠째 세수도 하지 않은 얼굴로 누런 이를 드러내며 말했다. 애처로운 웃음을 지으며 그간의 사정을 주절주절 늘어놓았다.

그제야 주인 부부는 어서 안으로 들어오라고 한다.

모처럼 양고기를 배가 터지도록 먹을 수가 있었다.

여행이 아니라 구걸에 가까웠다.

누가 더 구걸을 잘해 먹을거리를 얻어 오는지 둘이 시합을 벌일 정도였다.

"일단은 걸음걸이가 중요해. 너처럼 허리를 쫙 펴고 애걸해서는 아무도 음식을 나눠 주지 않아."

알베르토가 다리를 약간 구부린 채 허리를 숙인다. 그러며 두 손을 비비는 시늉을 한다.

"형의 그 능글맞은 웃음을 보는 순간 문을 꽉 닫을걸. 내 눈빛을 봐. 이 연민을 일으키는 눈빛. 이 눈빛에 마음을 열지 않을 사람이 어딨겠어?"

에르네스토는 눈을 옆으로 쨈 듯 가늘게 뜬다.

"아냐. 넌 목소리가 너무 억세잖아. 나처럼 야들거려야지."

"야들? 뭔 말씀. 느글거려."

"야, 고만하자. 말 많이 하면 배가 금방 꺼지잖아."

알베르토가 벗어 둔 신발을 신으며 말했다.

두 사람은 점점 낯이 두꺼워지고 있었다.

집만 보이면 무조건 들어가서 먹을거리나 잠자리를 부탁했다.

주는 대로 먹었다. 외양간이든 부엌 바닥이든 이슬만 피할 수 있으면 코를 드르렁거리며 잠을 잤다.

늘 구걸이 성공하는 것은 아니었다. 기술이 먹히지 않을 땐 하늘을 천장 삼아 잤다. 때론 경찰서를 찾아가 유치장에서 지새운 날도 있었다.

길에서 노숙을 해도 행복했다. 안데스의 밤은 날마다 축제였다. 하늘과 땅이 구분되지 않는 밤하늘에는 총총히 별들이 빛났다. 별들은 폭죽을 터뜨린 듯 날마다 다른 장면을 아름답게 연출했다.

무일푼의 여행자만이 느낄 수 있는 행복이었다.

퓨마 총격 사건

모터사이클 뒷바퀴에 구멍이 났다. 바퀴 안쪽 튜브를 꺼내 때우느라 한바탕 씨름했다. 그곳을 떠나기 싫었는지, 얼마 안 가 이번에는 앞바퀴에 구멍이 났다. 땜질을 할 재료도 다 떨어졌다. 결국 타이어를 때우다 하루를 보냈다.

나무로 지은 아담한 집을 만났다. 남의 집에 들어가 하룻밤 잠자리를 얻는 일은 식은 죽 먹기다.

"안녕하세요. 저희는 의사입니다. 라틴아메리카를 돌며 주민들의 건강 상태를 살피느라 여행 중이지요. 헤헤. 벌써 집을 떠난 지 한 달이 넘었군요. 텐트는 허리케인이 집어삼켜 하늘을 지붕 삼아 잠을 자야 한답니다. 저 밤하늘의 별을 감출 수 있는 곳에서 하룻밤이라도 잘 수 있다면 소원이 없겠습니다. 헤헤."

알베르토가 쑥스러운 척 머리를 긁어 가며 잠자리를 청했다.

"저 오토바이를 타고 여행을 한단 말이요?"

"그럼요. 바퀴가 터져서 이렇게 끌고 왔지만, 거친 모래언덕도 넘은 오토바이죠."

"오, 반갑소. 나도 젊은 시절에 당신들처럼 오토바이를 타고 질주한 적이 있죠."

라틴아메리카를 여행 중인 알베르토(왼쪽 앞)와 에르네스토(오른쪽에서 세 번째).

　　에르네스토 일행을 맞은 이는 이 집의 관리인이었다. 마침 집주인이 없었다. 관리인은 오토바이 여행객에 마음을 빼앗겨 헛간을 빌려 주었다. 덤으로 바퀴를 땜질할 재료도 잔뜩 얻었다.
　　"그런데 조심해야 할 거요. 이 마을에는 가끔 퓨마가 나타나요. 성질이 보통 사나운 게 아니오. 사람한테도 덤벼든다니까. 그놈은 금빛 갈기를 가지고 있소."
　　관리인이 퓨마를 조심하라고 일렀다.
　　두 사람은 바퀴를 땜질한 뒤 헛간으로 들어갔다.
　　잠자리는 마치 마구간 같았다. 문이 반쪽짜리다. 허리께까지만 문이 있고, 위쪽은 뻥 뚫렸다.
　　에르네스토는 아버지가 준 권총을 꺼내 머리맡에 두었다.

"퓨마가 달려드는 거 아냐?"

알베르토가 약간 두려워했다.

"걱정 마. 퓨마가 오면 단단히 혼을 내 줄 테니까."

에르네스토가 총을 쥐며 말했다.

"네 솜씨론 어림없을걸. 퓨마 발 사이로 총알이 빠져나갈 거야. 사격은 내가 한 수 위지."

알베르토가 특유의 잘난 체를 시작했다.

"걱정 붙들어 매쇼. 내가 어릴 적부터 명사수로 소문이 났으니."

에르네스토는 총을 다시 머리맡에 내려놨다.

얼마나 잤을까.

문을 긁어 대는 발톱 소리에 알베르토가 깨어났다. 겁에 질려 이빨을 달달 떨었다. 알베르토는 세상모르고 잠든 에르네스토를 흔들었다.

"퓨, 퓨, 퓨우우마."

에르네스토는 재빠르게 총을 쥐었다.

나무 문 틈새로 반짝이는 두 개의 눈동자가 노려보고 있다. 당장이라도 헛간 문을 뛰어넘어 달려들 기세다.

에르네스토는 총을 겨누었다. 순간 검은 몸뚱이가 헛간 문 위로 날아올랐다. 에르네스토는 본능에 가깝게 방아쇠를 당겼다. 생각할 겨를도 없었다. 오직 자신을 지키겠다는 맘이 손가락을 움직이게 했다.

땅.

쿵.

퓨마가 떨어졌다.

명중이다.

하지만 에르네스토는 물론 알베르토도 몸이 빳빳하게 굳은 채 문만을 바라보고 있었다. 아직 충격이 가시지를 않았다.

밖에서는 벽을 쿵쿵 부딪히는 소리가 들렸다. 아직 숨이 붙은 퓨마의 마지막 발악이었다.

둘은 넋을 잃은 채 서로를 바라보았다. 숨소리조차 나지 않았다.

잠시 뒤 바깥에서 웅성거리는 소리가 들렸다. 횃불이 밝혀지고 사람들의 발자국 소리가 요란했다. 총 소리에 깬 사람들이 헛간으로 몰려왔다.

"누구야? 내 개를 죽인 게!"

관리인의 목소리다.

여자의 흐느끼는 울음도 들렸다.

그제야 둘은 헛간 문을 열고 밖으로 나갔다.

총에 맞아 죽은 건 퓨마가 아니었다.

관리인 부부의 애완견이었다.

그날 밤 에르네스토와 알베르토는 헛간에서 쫓겨났다.

이웃집들의 문을 두들겼으나 열어 주는 곳이 없었다. 이웃들은 의사 신분의 여행자가 아니라 총을 든 강도 취급을 했다.

다행히 마을에서 약간 떨어진 곳에 양털을 깎아 모아 둔 창고를 찾앉다. 둘은 양털을 베개 삼아 누웠다.

그게 문제였다. 양털이 에르네스토의 천식을 자극했다. 가슴이 꽉 막힌 듯 답답했다. 알베르토가 호흡기를 대 주었다. 호흡기로 숨을 몇 번 들이쉬자 가슴이 뚫렸다.

아르헨티나의 마지막 밤은 천식으로 장식했다.

가짜 의사

칠레로 가려면 에스메랄다 호수를 건너야 한다.

여객선을 타야 하는데 에르네스토에겐 돈이 없다. 물론 알베르토도 마찬가지다.

에르네스토가 여객선 선장에게 사정을 해서 겨우 배를 탈 수 있었다.

여객선 꽁무니에 화물을 싣는 바지선이 달려 있는데, 그곳에 화물과 함께 두 아르헨티나 여행객이 실렸다. 졸지에 화물 취급을 받았지만 공짜로 국경을 넘을 수 있다는 사실에 행복했다. 따지면 꽁짜는 아니었다.

포데로사를 실은 커다란 배는 구멍마다 물이 새는 낡은 배였다. 끊임없이 펌프질을 해 물을 퍼야 했다. 두 사람과 포데로사의 운임을 땀으로 대신했다.

두 청년은 드디어 칠레에 도착했다.

배가 항구에 정박했다.

기괴한 몰골로 오토바이를 끌고 배에서 내리자 사람들이 몰려들었다.

"어디서 왔소?"

"저희는 아르헨티나에서 온 의사입니다. 라틴아메리카 주민들의 건강 상태를 살피려고, 대륙을 여행하는 중입니다."

알베르토가 목에 잔뜩 힘을 주며 허풍을 떨었다.

'화려한 경력'을 지닌 두 여행자에 관한 소문은 지방 신문사에 알려졌다.

기자가 달려와 인터뷰를 했다.

'두 열성적인 아르헨티나 오토바이 여행자들이 칠레를 방문하다'

신문에 커다란 제목으로 두 사람의 기사가 실렸다.

항구와 가까운 테무코라는 마을로 갔을 때였다.

어찌 소식을 들었는지 지역 신문사 기자가 마중을 나왔다.

알베르토와 에르네스토의 인터뷰 기술도 늘었다. 말을 할수록 허풍은 커졌다. 이것도 구걸 기술의 하나였다.

이곳 신문에는 사진도 실렸다. 이전보다 더 거창한 제목의 기사와 함께.

'두 명의 아르헨티나 나병 전문가, 오토바이로 남아메리카를 여행하다'

에르네스토는 진지한 자세로 카메라를 정면으로 바라봤다. 엄지를 허리띠에 찔러 넣은 에르네스토는 인상파 배우 같았다.

알베르토는 특유의 짓궂은 표정으로 카메라 앞에 섰다. 살짝 에르네스토 옆으로 기댄 알베르토는 희극 배우같았다.

두 사람은 사진이 실린 신문 기사를 오려 안주머니에 고이 모셔 두었다. 이 기사의 위력은 얼마 지나지 않아 힘을 발휘했다.

포데로사가 자갈길을 달리다가 쓰러졌다. 다행히 두 사람은 크게 다치지 않았다. 문제는 포데로사였다. 기어 박스와 핸들 축이 부서졌다.

멀지 않은 곳에 마을이 있었다.

핸들이 부러진 포데로사를 알베르토가 앞에서 끌었다. 에르네스토는 뒤에서 밀었다.

마을에 들어서자 가엾은 아르헨티나 청년들 주위로 주민들이 몰려들었다.

칠레 사람들은 친절했다.

물어보지도 않았는데 정비소가 어디 있는지 알려 주었다. 그것도 모자라 오토바이에 실린 자루를 짊어지고 정비소까지 함께 가 주었다.

정비소 일꾼들도 단번에 '나병 전문 의사 선생'을 알아보았다. 수리는 걱정 말란다. 먼저 밥을 한 끼 대접받았다. 접시 옆에는 향이 좋고 부드럽고 쌉쌀한 칠레 와인도 있었다.

이런 극진한 환대는 신문 기사의 힘이었다.

기사에는 남아메리카 나병학 분야의 핵심 인물로 두 사람이 소개됐다. 이미 3천 명의 나병 환자를 치료한 베테랑 의사였다. 이들은 칠레의 나병 전문 병원과 의사들의 수준까지 꿰뚫고 있었다. 기자는 이렇게 귀하고 고마운 분들이 이런 작은 마을을 찾아와 황송하다고 기사를 맺었다.

에르네스토와 알베르토는 구걸 기술을 경쟁할 필요가 없었다. 이곳에서 두 사람은 떠도는 부랑자가 아니었다.

잠자리를 찾으러 애쓸 필요도 없었다. 서로 자기 집에서 하루를 묵어 달라고 사정했다. 나병 전문 의사들은 어느 집에서 자야 할지 순번을 정해야 하는 즐거운 고통을 겪어야 했다.

밀항

모터사이클 여행을 시작한 지 두 달이 되었다.

칠레의 수도 산티아고에 도착했다.

에르네스토의 곁에는 여전히 알베르토가 있었다. 하지만 포데로사는 없었다. 두 사람은 그 사이 모터사이클 여행자가 아니라 지나가는 차를 얻어 타든가 걸어야 하는 '히치하이커'로 변신했다.

알베르토가 예감이 안 좋다며 운전을 꺼렸기 때문에 내가 운전대를 잡았다. 몇 킬로미터도 못 가, 기어 박스가 고장 나는 바람에 다시 수리를 해야 했다. 그리고 잠시 후 빠른 속도로 급커브 길을 달리는데 뒤쪽 브레이크에서 나사가 빠져 버렸다. 그와 동시에 모퉁이 반대편에서 암소의 머리가 보이더니 그 뒤로 엄청난 수의 소들이 나타났.

서둘러 핸드브레이크를 걸었지만 서툴게 땜질한 그것마저 고장이 났다. 한동안 내 눈에는 우리 양쪽으로 날듯이 지나가는 소 떼의 흐릿한 형체밖에 보이지 않았다. 그동안 불쌍한 포데로사는 가파른 언덕 아래로 더욱 속력을 높였다. 우리는 그야말로 기적적으로 마지막 소의 다리에 부딪히는 정도로 소 떼를 뚫고 지나갔다.

그런데 이번에는 강물이 어서 오라며 우리를 불러 대고 있었다. 본

능적으로 핸들 방향을 옆으로 홱 비틀자, 포데로사는 순식간에 2미터 강둑 위로 아슬아슬하게 올라섰다. 포데로사는 두 개의 바위 사이에 박혀 있었지만 우리 몸은 말짱했다.

·······

포데로사는 우리 앞에 놓인 많고 많은 언덕들 중 첫 번째 가파른 언덕에서 마침내 생을 마감했다.

·······

그것이 우리가 '부랑자 오토바이족'으로 보낸 마지막 날이었다. 이제는 '부랑자 도보 여행자'로서 더욱 힘든 여정을 시작해야 할 것 같았다.

— 《체 게바라의 모터사이클 다이어리》 가운데서

칠레 산티아고에서 에르네스토는 천식을 앓는 한 할머니 집을 찾아갔다.

어둡고 낡은 집이었다. 할머니는 팔걸이가 있는 의자에 앉아 있었다. 창틀에는 먼지가 가득했다. 축축하고 더러운 냄새가 났다. 천식 환자에게는 최악의 조건이었다. 역겨운 냄새가 에르네스토의 코를 타고 목으로 들어왔다.

"할머니, 어디가 아프세요?"

에르네스토는 할머니 몸을 살폈다.

할머니는 말보다는 기침 소리를 더 많이 냈다.

"기침이 콜록, 멈추지 콜록, 않아 콜록콜록. 가슴이 빠개지는 콜록콜록, 숨을 어어, 못 콜록."

"그만 말하세요. 그냥 숨을 깊이 쉬세요. 하나 하면 들이켜고, 둘 하면 내뱉는 거예요. 천천히요. 하나아아, 두우우울. 다시 하나아아. 두우우울. 잘하시네요. 이렇게 천천히 깊게 숨을 쉬세요."

에르네스토가 할 수 있는 일이 없었다. 할머니의 상태는 손을 쓸 수가 없을 정도로 나빠져 있었다. 이미 심장까지 망가질 대로 망가졌다. 숨을 쉬는 동안 고통을 조금이라도 덜어 줄 수 있다면 다행이었다. 살아가고 있는 게 아니라 죽어가고 있었다.

에르네스토는 절망했다. 자신이 지닌 천식 약을 할머니에게 탈탈 털어 주고 오는 일 말고는 어떤 치료도 할 수 없었다.

할머니 집을 나서자 아들이 차가운 눈으로 에르네스토를 쳐다보았다.

"약은 뭐하러 주는 거요? 저 고통을 받으며 산다고 뭐가 달라진단 말이오!"

할머니에게 약을 준 걸 못마땅해하는 말투다.

"고통이라도 덜어 드려야지요."

"입이 하나 줄어드는 게 우리에겐 절실하단 말이오."

에르네스토는 뒤통수를 얻어맞은 기분이었다.

일할 능력이 없는 사람은 밥을 축내는 귀찮은 존재에 불과했다. 가족이라 할지라도 말이다. 하루 종일 일해도 제 입 하나 챙기기 힘든 실정이다. 가족 가운데 환자가 생기면 보살펴야 하는 존재가 아니다. 원망의 대상이다.

에르네스토는 가난이 낳은 차가운 현실과 마주했다.

에르네스토와 알베르토는 이제 산티아고를 떠나 칠레 북부로 올라가야 했다.

걸어서 가려면 기나긴 사막을 건너야 했다. 그 길을 걷는 일은 무모하게 여겨졌다.

두 사람은 사막 구간을 피해 배를 타고 바다로 건너갈 궁리를 했다. 어려운 일은 아니었다. 항구에서 뱃삯을 내고 여객선을 타면 된다. 하루에도 여러 번 배가 출항한다.

문제는 두 사람의 수중에 뱃삯이 없다는 거다.

신문 기사의 힘은 자그마한 시골 마을에서나 통했다. 거대한 도시 산티아고에서 두 사람은 가난한 도보 여행자에 불과했다.

"어떡할래? 모래사막을 뚫고 걸어갈까?"

에르네스토가 물었다.

"응, 좋지. 중간에 오아시스도 없을 테니, 모래를 물로 만들 수 있는 마술을 부린다면 말이야. 그렇지 않으면 아마 이글거리는 태양 아래 까마귀밥이 될걸."

"농담할 때가 아니거든."

"나도 농담 아냐. 어떡하든 배를 타야지."

"무슨 수로?"

"어리석긴. 내가 누구냐! 알베르토잖아. 불가능을 가능하게 만드는 연금술사! 나를 따르라. 바다가 열리고 길이 있으리라."

알베르토가 거들먹거리며 잘난 체를 한다.

"그 입은 죽지를 않네."

에르네스토는 어이가 없었다.

"허풍 아니거든. 나를 따라오기 싫으면 혼자 가든지."

알베르토는 가슴을 툭툭 치며 자신이 준비한 계획을 털어놨다. 배에 몰래 올라타 짐칸에 숨자는 아주 용감한 제안을 했다.

두 사람이 고른 배는 '산안토니오 호'였다.

부두에서 일꾼들이 산안토니오 호에 짐을 싣고 있었다. 에르네스토와 알베르토도 짐꾼인 척 커다란 자루를 하나씩 어깨에 짊어지고 배에 올랐다.

"화장실 찾아봐."

"저쪽에 있다. 어서 가자."

선원용 화장실로 들어가 문을 잠갔다.

두 사람은 서로의 무릎을 맞대고 앉았다. 지독한 똥 냄새. 비명을 지르고 싶었다. 하지만 코를 막은 체 잠자코 있어야 했다.

배는 앞으로 네 시간을 더 기다려야 출발한다.

"욱, 이러다간 똥 냄새에 질식해 쓰러지겠다."

에르네스토가 비위가 상하는지 헛구역질을 했다.

"다 사람 몸에서 나온 거야. 즐기라고."

알베르토가 엄지와 검지로 콧구멍을 잡고 코맹맹이 소리를 냈다.

얼마나 지났을까? 사람들이 배에 올라타기 시작하는지 발걸음 소리가 요란했다.

똑똑.

누군가 화장실 문을 두들긴다.

"안에 사람 있어요."

알베르토가 말했다.

화장실이 나란히 두 개가 있어 그나마 다행이었다.

똑똑똑똑.

요란스럽게 문을 두들긴다.

"여기 사람 있어요."

이번에는 에르네스토가 대답했다.

똑똑.

누군가 또 문을 두들긴다.

똑똑.

이번에는 문을 두들겼다.

밖에 있는 사람이 두들기는 소리를 듣지 못했는지 우악스럽게 화장실 문을 잡아당긴다.

"사람 있다니까요."

알베르토가 성난 목소리로 소리를 질렀다.

"어서 좀 나오쇼. 쏟아질 것 같으니."

옆 화장실에도 사람이 있는지 문고리를 잡아 흔든다.

"으응, 변비라, 좀 걸립니다. 딴 데 가는 게이잉, 빠를 겁니다. 으윽."

알베르토가 힘쓰는 소리를 내며 말했다.

이때 뱃고동 소리가 울렸다. 이제 출발이다.

두 사람은 배가 어서 물살을 가르고 바다 한가운데로 나가기를 기다렸다.

시간이 흘러도 화장실 냄새는 익숙해지지가 않았다. 어찌나 비위가 상하는지 멀미가 났다. 에르네스토의 얼굴이 노랗게 질렸다. 도저히 참을 수 없는 지경에 이르렀다.

"형, 난 못 참겠어. 나가자!"

"부두와 멀리 떨어졌을 거야. 바다로 쫓아내진 못하겠지."

알베르토가 화장실 문을 열었다.

비릿한 바다 냄새가 코를 뻥 뚫어 주었다.

앗! 선원이 눈앞에 있다.

한 화장실에서 두 사람이 나오니 얼마나 수상하겠는가.

"당신들 누구요?"

선원이 날카롭게 물었다.

"저어, 뭐라 할까? 승객인데, 그냥 승객은 아니죠."

알베르토가 알랑거리는 목소리로 주절주절 변명을 늘어놓기 시작했다.

"그러니까 뱃삯을 내지 않고 몰래 배를 탔다, 이 말 아니야. 뭘 그리 길게 말해. 따라와."

선원은 천둥 같은 목소리로 호통쳤다.

선장실로 끌려간 둘은 두 손을 앞으로 포개고 사정을 했다. 선장의 마음이 약간 흔들리는 듯했다.

눈치 빠른 알베르토가 이 순간을 놓칠 리가 없다.

알베르토는 무릎을 꿇고 선장의 바짓가랑이를 잡으며 하소연했다. 눈에는 눈물이 어렸다. 에르네스토에게도 어서 꿇으라고 눈짓했다.

하지만 에르네스토는 묵묵히 서서 선장의 선처만을 기다렸다.

"당신들은 이렇게 배에 숨어드는 게 어떤 행동이라고 생각하오? 어떤 결과가 따를지 생각해 봤냐고?"

선장이 물었다.

에르네스토와 알베르토는 당연히 어떤 결과를 생각하고 배를 탄 게 아니었다. 오로지 칠레 북부로 갈 생각뿐이었다. 그러니 목적지까지 데려다 달라고 매달릴 수밖에 없었다.

선장은 배에서 허드렛일을 하라고 했다. 찬밥 더운밥 가릴 때가 아니었다. 두 사람은 머리가 발끝에 닿도록 몸을 숙여 인사했다.

알베르토는 식당에서 감자 깎는 일을 맡았다.

에르네스토는 다시 화장실로 가야 했다.

그는 선원을 시켜 우리에게 일거리와 먹을 것을 주었다. 우리는 만족스럽게 주는 음식을 먹고 있었다. 그러나 내가 할 일이 그 지독한 화장실 청소라는 말을 듣자 음식이 목에 걸려 더 이상 먹을 수가 없었다. 내가 아래층으로 내려가려 할 때, 감자 껍질 벗기는 일을 배정받은 알베르토가 히죽대며 쳐다보았다. 고백하건대 우정이고 뭐고 싹 다 잊고 일을 바꿔 달라고 사정하고 싶었다. 너무 불공평했다. 그 녀석은 쌓인 분뇨 더미 위에 한 덩어리를 더하고 나는 그걸 치워야 한다니!

— 《체 게바라의 모터사이클 다이어리》 가운데서

슬픈 칠레

칠레와 페루 국경이 다가온다. 페루를 가기 전 에르네스토가 칠레에서 꼭 들려야 할 곳이 있었다. 칠레 경제를 지탱하는 추키카마타 광산이다.

칠레의 큰 수입원인 추키카마타 광산의 운영권은 미국 기업들이 가지고 있었다. 칠레의 풍부한 자원으로 벌어들이는 돈의 대부분은 미국으로 흘러가는 셈이다.

모래로 가득한 산악 지역에서 광산으로 가는 화물차를 기다렸다.

차는 보이지 않고 날은 어두워지고 있었다.

멀리 허름한 차림의 남자와 여자가 모래 먼지를 뚫고 걸어오고 있었다.

그들은 일자리를 찾아가는 칠레 노동자 부부였다.

알베르토와 에르네스토, 그리고 이 부부는 그날 밤을 사막에서 함께 지새웠다.

마테 차와 함께 치즈를 얹은 빵을 나눠 먹었다. 땔감이 없어 초를 켜고 둘러앉아 이런저런 이야기를 나눴다.

이 사내는 공산주의자로 몰려 석 달간 감옥 생활을 하다 막 풀려난 광부였다.

광산 운영권을 쥔 미국 기업들은 칠레 노동자에게 목숨을 부지하기도 힘든 낮은 임금을 주고 일을 시켰다. 광산 노동자들은 자신들의 자원이 미국으로 흘러들어 가는 것에 반대했다. 노동조합을 만들어 광산을 국가에서 운영하라고 요구했다. 칠레 정부가 광산을 운영하면 구리를 캐 나온 수익이 칠레를 위해 쓰일 것이다. 자신들도 더 나은 임금을 받으며 일할 수 있었다.

하지만 강력한 군대와 돈을 쥔 미국이 광산의 국가 운영을 순순히 받아들일 리 없었다. 칠레 정권들은 미국이 눈을 부라리면 번번이 굴복했다.

광산의 국가 운영을 요구하는 노동자들은 공산주의자로 몰렸다. 노동조합은 탄압을 받았다. 이 광부도 그래서 감옥에 간 거다. 심지어 자신의 동료들은 노동운동을 하다가 공산주의자로 몰려 살해당하거나 바다에 산 채로 매장되었다고 했다.

에르네스토의 가슴이 부글부글 끓어올랐다.

"저희는 추키카마타 광산으로 가는 길입니다. 그곳에서 칠레 노동자들이 어떻게 고통받고 있는지 두 눈으로 보고 싶어서 말입니다. 내일 날이 밝으면 함께 가시죠."

"난 감옥에 갔다 왔기 때문에 큰 광산에는 취직할 수가 없소. 기후가 나쁘고, 작업 환경도 지독히 안 좋은 광산을 찾아가는 중이오. 그런 곳에서는 경력을 조사하지도, 정치적 입장을 묻지도 않고 채용하지요. 일하려는 사람이 없기 때문이오. 나 같은 사람이 이제 일할 곳은 언제

죽을지 모르는 그런 곳뿐이요. 문제는 겨우 굶어죽지 않을 만큼의 빵으로 내가 얼마나 살 수 있을지가 문제죠."

추키카마타 광산에 도착했다.

배가 불룩 나오고 거만한 폼을 잡는 미국인 관리자가 나왔다.

"이곳은 관광지가 아니오. 광산 시설을 반 시간쯤 둘러볼 수 있도록 허락합니다. 안내원이 올 거요. 그 사람 지시에 따라야 하고, 함부로 다른 곳을 갈 수는 없소. 그다음에는 제발 이곳을 빨리 떠나시오. 우리는 할 일이 엄청나게 많으니 귀찮게 하지 말고."

두 사람이 이곳을 둘러볼 수 있는 것도 백인이기에 가능한 일이었다. 아르헨티나 의사라는 신분도 힘을 미쳤을 거다.

추키카마타는 구리로 이뤄진 거대한 산이다. 산의 비탈을 20미터 높이로 깎아 계단처럼 만들었다. 돌을 캐면 공장으로 옮길 수 있게 철길도 깔았다. 추키카마타의 돌 100킬로그램에서 구리 1킬로그램 정도가 나온다.

광산 안으로 들어가자 곳곳에서 다이너마이트 터지는 소리가 뿌연 연기와 함께 피어났다. 이렇게 산을 폭파하면 굴삭기들이 조각난 돌들을 운반차에 실어 돌을 가루 내는 공장으로 옮겼다.

노동자들의 분위기가 술렁거렸다.

안내원은 노동자들이 임금 인상을 요구하며 파업을 준비 중이라고 한다.

"멍청한 미국인들이야. 파업을 하면 회사는 하루에 백만 달러의 손해를 입는다는 걸 알면서 왜 노동자 요구를 무시하는지 모르겠소. 왜 무조건 경찰을 동원해서 노동자들을 뭉개려고만 하는지."

미국인 관리자를 위해 충실하게 일하는 칠레 출신 안내인도 미국 기업에 대한 불만이 높았다.

"대체 노동자들은 얼마나 더 달라고 하는 겁니까?"

"단돈 1달러요."

"1달러 때문에 파업을 한다고요. 회사는 1달러를 올려 주지 않으려고 경찰을 동원해 노동자를 잡아가고요?"

"노동자에게 1달러는 목숨이 오갈 수 있소. 지금 받는 돈으로는 생명을 유지하기 힘들 정도니까 말이오. 하지만 1달러를 올려 준다 해도 미국 기업은 끄떡없소. 이유는 간단합니다. 이번 기회에 노동자들을 선동하는 이들을 없애 버리겠다는 뜻이지요. 미국인들은 정말 미련할 정도로 잔인합니다."

미국 기업들은 추키카마타 광산에 투자한 돈을 단 나흘 만에 벌어들였다. 닷새째부터 번 돈은 곧바로 미국 기업의 은행 통장에 쌓였다.

광산 옆에는 구리 제련소가 있다. 이 공장에는 세계에서 가장 높은 96미터짜리 굴뚝이 두 개가 있다.

에르네스토와 알베르토는 힘겹게 사다리를 타고 굴뚝 꼭대기에 올랐다.

굴뚝 위에 서자 추키카마타 광산이 한눈에 들어왔다. 다이너마이트가 터지며 뿜는 연기. 굴착기의 요란한 동작. 곡괭이로 광석을 쪼는 노동자들. 운반 수레에 광석을 실은 이들. 무시무시한 전쟁터처럼 보였다.

"저기, 저곳은 뭐죠?"

십자가가 촘촘히 있는 곳을 가리키며 에르네스토가 안내원에게 물었다.

"공동묘지요. 광산에서 일하다 숨진 사람들이 잠든 곳이죠."

"몇 사람이나 묻혀 있죠?"

"글쎄, 확실치는 않지만, 만 명은 넘을 거요."

"이곳에서 만 명이나 죽었단 말인가요?"

"아니지요. 시체를 찾은 숫자에 불과합니다. 다이너마이트가 잘못 터져 산이 무너져 내리면 시체를 찾지 못하는 경우도 부지기수지요."

"죽은 이의 가족들에게 보상은 해 주나요?"

알베르토가 물었다.

안내원은 대답 대신 어깨를 으쓱했다. 그러더니 빈손을 알베르토에게 보여 준다.

에르네스토와 알베르토는 공동묘지를 향해 묵념을 올렸다.

"미국 기업의 돈벌이에 숨진 노동자들의 억울한 희생을 잊지 않겠습니다."

에르네스토는 나지막한 목소리로 다짐했다.

추키카마타는 인디오 말로 '붉은 산'이라는 뜻이다. 저 붉은 산 어

딘가에 시체도 찾지 못한 노동자들의 핏물이 어려 있을 거라 생각하니, 온몸이 오싹해졌다.

 칠레는 전 인구를 먹여 살리고도 남을 충분한 가축과 곡물을 가지고 있다. 철, 구리, 석탄, 주석, 금, 은을 비롯한 천연자원이 풍부해 힘 있는 공업 국가로 발전할 가능성이 있는 나라다. 하지만 소수의 사람을 빼고는 가난에 허덕이고 있다. 배부른 소수는 미국 기업에게 콩고물을 얻어먹는 권력자들이다.
 칠레의 자원과 곡물을 미국 기업에 내주지 않는다면 칠레 국민은 어느 나라 못지않게 부강한 나라가 될 수 있다. 칠레는 자신의 나라를 거대한 힘으로 누르고 있는 미국을 등짝에서 떨어내야 한다. 생각이 있는 지식인과 노동자들이 이런 활동을 했지만 미국의 지원을 받는 정치 세력에 의해 무참히 짓밟힐 뿐이었다.
 추키카마타를 떠나는 에르네스토의 어깨가 여느 날보다 더 무거웠다.

구걸의 기술

추키카마타를 마지막으로 칠레 국경을 넘었다.

페루에 도착하니, 여행을 떠나온 지 어느덧 석 달이 되어 갔다.

페루는 잉카의 문명이 살아 있는 땅이다.

세계의 배꼽이라는 뜻을 지닌 도시 쿠스코에는 잉카의 흔적을 곳곳에서 볼 수 있다. 화려했던 잉카문명은 에스파냐의 침략으로 파괴됐다. 건물은 사라지고 주춧돌만이 그 자리를 묵묵히 지키고 있는 곳이 대부분이다.

페루 쿠스코 부근의 유적에 서 있는 에르네스토.

잉카문명이란?

잉카제국은 라틴아메리카 안데스 지역을 다스렸다. 칠레, 아르헨티나, 페루, 볼리비아, 에콰도르가 잉카제국의 땅이다.

잉카제국 사람은 태양신을 섬겼다.

잉카제국의 문명은 고대 문명을 대

표할 만큼 수준이 높았다. 특히 마추픽추에 세워진 공중 도시는 잉카 민족의 뛰어난 건축술을 말해 준다.

마추픽추는 잉카 말로 '늙은 산'이다. 20세기 초에 미국인 역사가 빙엄에 의해 발견됐다. 험한 계곡과 강을 끼고 산꼭대기에 자리한 마추픽추에는 잉카제국의 왕궁과 사원이 있다. 분수와 계단들의 정교한 건축 기술에 현대 건축가들도 놀랐다.

잉카제국의 수도는 쿠스코였다. 한때는 잉카인이 1백만 명이나 모여 산 도시이다.

16세기 에스파냐의 침략으로 잉카제국은 무너졌다. 오랜 기간 저항을 했지만 다시 잉카제국의 영광을 누릴 수는 없었다. 잉카 민족이 세운 우수한 건축물도 파괴되었다. 파괴된 자리에는 교회와 수도원이 세워졌다.

에르네스토와 알베르토의 구걸 기술은 갈수록 절묘해졌다.

말을 할 때 유난히 아르헨티나 억양을 억세게 발음했다. 자신들이 다른 나라에서 온 사람임을 강조하려는 의도였다.

식당에 들어가면 알베르토가 하는 말이 있다.

"안녕하세요, 체. 좋은 날씨죠, 체."

아르헨티나 사람들은 말을 할 때 '체'라는 감탄사를 많이 쓴다. 특별한 뜻을 가진 말은 아니다. 습관처럼 쓰는 경우가 많다. 훗날, 에르네스토의 또 다른 이름이 된 말이기도 하다.

"오늘은 제 친구의 생일이랍니다."

알베르토가 에르네스토를 가리키며 말했다.

"생일 축하합니다."

식당에 자리 잡은 누군가가 축하의 말을 건넸다.

"여러분들과 건배라도 하고 싶지만 저희들이 오랜 여행 중이라 겨우 물 한잔 돌릴 수밖에 없군요. 돈이 떨어진 지가 오래되었거든요."

불쌍한 표정을 지으며 알베르토가 말했다.

"아, 불쌍한 라틴의 친구군요. 좋아요. 대신 내가 당신의 친구를 위해 한잔 쏘죠. 술은 뭐가 좋소? 와인? 샴페인?"

식당 손님 가운데 한 사람이 인정을 베풀겠다고 나섰다.

"정말, 죄송합니다."

에르네스토가 안타깝다는 표정을 지었다.

"아니, 무슨 일이라도 있소?"

"저희 아르헨티나에서는 빈속에 절대 술을 마시지 않습니다. 꼭 식사를 한 뒤에 마시죠."

"하하하. 뭐 별로 죄송한 일도 아니구먼. 그래 뭘 드시고 싶소? 걱정 말고 말해요."

이 기술을 세 번 쓰면 두 번은 성공했다.

수학 공식처럼 구걸 공식이 완성됐다.

나환자 마을

1952년 6월 8일 새벽 3시. 달조차 뜨지 않은 깜깜한 밤이었다. 험한 물살을 뚫고 자그마한 배가 산파블로에 도착했다.

에르네스토와 알베르토가 탄 배다. 이들은 더 이상 떠돌이 여행자가 아니었다. 허풍쟁이 '나병 전문 의사'가 아닌, 의학을 전공한 뒤 진지하게 의사의 길을 찾는 청년들이었다.

이들이 찾은 곳은 나환자들이 모여 사는 마을이었다.

작은 모터보트로 갈아탄 두 사람은 치료가 불가능하다고 진단을 받은 나환자들을 만나러 아마존 강을 타고 내려갔다.

나환자 마을에 내린 에르네스토는 이제껏 봐 왔던 아마존 강가 마을과 이곳이 전혀 다르지 않다는 생각이 들었다.

이곳에는 나환자 6백 명 정도가 모여 산다. 정글에 오두막을 지어 마을을 이루었다.

에르네스토는 스스럼없이 나환자들에게 손을 내밀었다.

나환자들은 놀랐다. 사람들은 자신들을 보면 괴물처럼 여기며 피하기 일쑤였다. 하지만 알베르토와 에르네스토는 달랐다.

두 사람은 나병은 접촉해도 전염되지 않는다는 걸 알고 있었다. 에르네스토는 환자들이 칭칭 감고 있는 붕대를 직접 풀어 주었다. 의사

가운도 입지 않고 장갑도 끼지 않았다. 마치 건강한 사람을 마주하듯 편하게 대했다.

두 사람은 이곳에 있는 의사를 도와 환자들을 치료했다.

산파블로 나환자 마을에 온 지 일주일이 되던 6월 14일은 토요일이었다. 이날은 에르네스토가 스물네 살이 되는 날이기도 했다.

병원 직원들은 작은 파티를 준비했다. 페루의 전통 술과 음식들이 거하게 차려졌다. 음악에 맞춰 춤을 췄고, 서로 음식을 권했다.

알베르토가 갑자기 음악을 꺼 달라고 부탁했다.

"신사숙녀 여러분! 헤헤, 오늘 제 친구의 생일인데, 한마디 들어야 하지 않을까요?"

요란한 박수가 나왔다.

부끄러운 듯 머리를 긁으며 에르네스토가 앞으로 나섰다.

"라틴아메리카를 여러 나라로 쪼개 생각하는 것은 절대 말이 안 된다고 믿습니다. 이러한 우리의 믿음은 이번 여행을 통해 더욱 확고해졌습니다. 우리는 멕시코에서부터 마젤란해협에 이르기까지 공통의 문화를 지녔습니다. 내 나라만 생각하는 좁은 생각에서 벗어나야 합니다. 페루와 아르헨티나, 그리고 라틴아메리카의 연대를 바라며 건배를 제안합니다. 라틴아메리카는 하나다!"

에르네스토의 진지한 제안에 모두들 잔을 들어 외쳤다.

"라틴아메리카는 하나다!"

에르네스토는 라틴아메리카 여행을 통해 깨달았다. 라틴아메리카의 국가들은 결코 처지가 다르지 않다. 같은 문화를 지닌 한 형제다. 유럽 침략자에게 고통을 받은 것도 마찬가지다. 불평등과 가난의 원인도 같다. 미국을 비롯한 강대국들의 기업들이 라틴아메리카의 자원을 헐값에 가져가는 처지도 비슷하다.

에르네스토는 다짐했다. 아르헨티나 시민에 머물지 않고 라틴아메리카의 아픔을 고치는 사람이 되겠다고.

나환자 마을에 온 지 보름이 훌쩍 지났다.

정든 환자들의 곁을 떠날 생각을 하니 에르네스토의 맘이 무거웠다. 하지만 한없이 머물 수가 없었다. 아직 밟지 않은 라틴아메리카의 땅들이 많았다.

에르네스토가 나환자들에게 떠나겠다고 말했다.

마을 사람들은 섭섭했지만 붙잡지는 않았다. 에르네스토의 인물됨을 알았기 때문이다. 나환자의 벗으로 머물기보다는 라틴아메리카의 행복을 위해 더 많은 일을 하기를 바랐다.

"떠나세요. 당신이 어디에 있든 라틴아메리카 민족을 위해 일할 사람임을 압니다. 그게 저희를 위한 일이기도 합니다."

나환자 마을 촌장이 말했다.

"당신들을 위해 마을 사람들이 뗏목을 만들었습니다."

뗏목에는 '맘보 탱고'라는 배 이름도 적혀 있었다.

맘보 탱고가 아마존 강을 출발하기 전날 밤, 나환자들이 에르네스토의 오두막 앞으로 몰려왔다.

작별 공연이 펼쳐졌다.

에르네스토는 공연을 보며 받은 감동을 어머니에게 편지로 전했다.

사랑하는 어머니께

……

우리에게 작별 인사를 하려고 환자들이 악단을 조직했습니다. 아코디언을 켜던 사람은 오른손 손가락을 모조리 잃은 사람이었는데 손목에 막대기를 고정시켜 건반을 눌렀습니다. 노래를 부르던 사람은 앞을 볼 수 없는 장님이었고, 거의 모든 사람들이 제 나름의 장애를 지니고 있었습니다. 그 모든 사람들이 희미하고 음침한 랜턴 불빛 아래에 모여 있는 모습을 상상해 보세요. 마치 공포 영화의 한 장면처럼 여겨질지 모르겠지만 저에게는 이제껏 보았던 가장 아름다운 장면 중 하나로 가슴에 평생 남을 겁니다.

……

하늘 같은 사랑을 담아, 머리부터 발끝까지 어머니를 그리워하는 당신의 아들이

나환자촌을 떠난 에르네스토의 여행은 두 달간 더 이어졌다.

콜롬비아, 베네수엘라를 거쳐 미국 마이애미까지 갔다.

길 위에서 배우다 III

나환자 마을의 주민들이 두 젊은이를 위해 만들어 준 뗏목 '맘보 탱고' 위에서.

1952년 8월에 가족이 있는 아르헨티나 부에노스아이레스로 돌아왔다.

9개월간의 라틴아메리카 여행은 이렇게 끝을 맺었다.

린치와 셀리아는 집으로 돌아온 아들을 껴안았다.

품에 안긴 에르네스토 게바라는 딴 사람이 되어 있었다.

아버지 린치가 안으니 아들의 가슴이 무척 넓었다.
어머니 셀리아가 품으니 아들의 가슴이 무척 뜨거웠다.
아들은 라틴아메리카를 누빌 늠름한 청년으로 우뚝 서 있었다.

3. 병든 세상을 구하는 혁명가

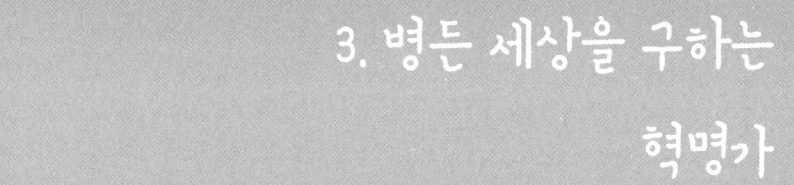

다시 길을 떠나다

"또 떠난다고?"

어머니 셀리아는 에르네스토의 말에 어이가 없었다.

여행에서 돌아온 아들은 미친 듯 공부에 매달렸다. 8개월 만에 어려운 시험을 통과해 의학박사 학위를 땄다. 이제는 떠돌이 방랑벽이 사라진 줄 알았다. 그런데 학위를 받자마자 또 떠나겠다니 셀리아는 할 말을 잃었다.

"어머니, 훌륭한 의사가 되려면 많은 경험을 쌓아야 합니다. 걱정 마세요. 세상의 가난한 이들을 고치는 훌륭한 의사가 되어 돌아올 테니."

자식을 이기는 부모는 없었다. 품에 두고 싶지만 그럴 수 없는 아들이라는 걸 누구보다도 셀리아가 잘 알고 있다. 더구나 라틴아메리카를 돌며 의사 경험을 쌓겠다고 하니 말릴 수도 없었다.

이미 에르네스토는 라틴아메리카의 가난한 이들과 함께 살겠다는 마음을 굳힌 지 오래다. 9개월간의 여행은 이 다짐이 옳다는 걸 눈으로 확인하는 시간이었다.

병만 고치는 의사로 남지 않겠다는 결심도 섰다. 가난으로 병든 사회를 고치는 의사가 되리라 마음먹었다. 병든 뒤 치료하는 의사가 아니라 병들지 않는 사회를 만드는 게 먼저라는 생각이었다.

병들고 잘못된 사회를 고치는 일을 '혁명'이라고 한다. 혁명은 사회의 나쁜 세력이 퍼뜨리는 병균을 쓸어 버리는 일이다. 사회를 병들게 하는 세력과 맞서 싸우는 의사를 '혁명가'라 부른다. 에르네스토가 의학박사 학위를 빨리 딴 까닭도 잘못된 사회를 뜯어고치는 혁명가의 삶을 살기 위해서였다. 그게 의사의 길이라고 믿었다.

에르네스토의 다짐을 재촉한 사건이 있었다.

박사 학위를 받은 해에, 쿠바에서는 혁명가들이 독재 정권을 몰아내는 운동을 벌였다.

 쿠바는 어떤 나라일까?
쿠바는 라틴아메리카에서 미국으로 가는 길목 오른쪽에 자리한 섬나라다. 15세기부터 에스파냐와 미국의 지배를 받았다. 1902년 식민 지배에서 독립을 했지만 민주주의는 자리 잡지 못했다. 권력을 잡은 정부는 부패했다. 강대국에 쿠바의 자원을 넘겨주었다. 미국 기업들이 들어와서 사탕수수 농장, 관광, 도박 산업을 벌였다. 미국은 그 대가로 부패한 정권을 지원했다.

1952년 바티스타가 쿠데타를 일으켜 쿠바 정권을 잡았다. 바티스타는 1934년에도 쿠데타를 일으켰다가 4년 만에 권좌에서 물러난 경력이 있다.

이에 맞서는 쿠바 청년이 있었다. 피델 카스트로다. 변호사였던 피델은 바티스타 정권을 몰아내려고 혁명의 길을 택했다.

1953년 7월 26일, 피델은 청년 156명과 함께 총을 들고 독재 정권에 맞서 싸우러 나섰다. 이를 '몬카다 병영 습격 사건'이라 부른다.

쿠바 청년들의 몬카다 병영 습격은 미국이 개입하여 실패했다. 피델은 이 사건으로 감옥에 갇혀 15년 형을 선고받았다.

재판장에 선 피델은 판사와 쿠바 시민들을 향해 말했다.

"역사는 나에게 무죄를 선고할 것이다."

쿠바의 소식을 들은 에르네스토는 자신의 길과 피델의 길이 다르지 않음을 느꼈다. 민주주의를 요구하는 데 머물지 않고 총을 들고 직접 독재 정권을 몰아내려는 피델의 저항에 에르네스토는 공감했다.

알베르토가 감옥에 갇혔을 때 에르네스토는 이런 말을 했다.

"총과 대포 앞에서 맨손으로 구호만 외치는 일은 반대야. 그래서는 민주주의를 얻을 수 없다고 생각해. 총을 쥐고 싸울 거야. 난 무기를 들고 싸울 날을 준비할 거야."

라틴아메리카에 자신의 생각을 실천한 피델 카스트로와 쿠바 청년들이 있다는 사실이 가슴을 설레게 했다.

'그래, 나도 라틴아메리카를 구하기 위해 떠나야 한다.'

에르네스토와 셀리아는 기차역에서 작별을 했다.

"건강이 최고다. 몸 상하지 말고 건강하게 돌아오렴."

셀리아는 예전처럼 눈물을 흘리지는 않았다.

"걱정하지 마세요. 사랑해요, 어머니."

에르네스토는 기차 난간에 오르며 마지막 인사를 했다.

기적이 울리며 기차가 천천히 역을 빠져나간다.

"어머니 안녕히 계세요."

에르네스토가 손을 흔든다.

"아들아, 사랑한다."

셀리아는 손수건을 흔든다.

기차 꽁무니가 승강장을 빠져나갈 즈음, 에르네스토는 요란한 기적 소리 사이로 외쳤다.

"병든 세상을 고치는 의가가 되겠습니다."

에르네스토의 눈가가 촉촉해졌다.

"뭐라고?"

기적 소리 때문에 셀리아는 아들의 말을 들을 수가 없었다.

"아메리카를 해방시키는 혁명가가 되겠습니다."

이 말도 셀리아는 들을 수가 없었다.

기차는 긴 기적 소리와 함께 떠났다.

에르네스토를 싣고.

카스트로를 만나다

세상을 바꾸는 혁명가.
세상을 떠도는 여행자.
에르네스토는 자신의 몸 속에서 혁명가와 여행자의 모습이 서로 싸우고 있다고 말했다.
부에노스아이레스를 떠난 에르네스토는 볼리비아를 거쳐 과테말라로 갔다.
과테말라는 라틴아메리카의 다른 나라들과 달랐다. 아르벤스가 대통령이 된 뒤로 민주주의 정책들을 시행하였다. 라틴아메리카 혁명가들은 민주의 꽃이 피는 과테말라로 몰려들었다.
에르네스토는 혁명가들과 사귀었다.
아르헨티나에서 말을 시작할 때나 강조할 때 쓰는 감탄사 '체'를 에르네스토는 유난히 많이 썼다. 여행할 때 구걸하던 말투가 습관처럼 굳어졌다. 과테말라에 모인 혁명가 친구들은 에르네스토를 '체'라고 불렀다. 이때부터 '체 게바라'라는 이름을 쓰기 시작했다.
과테말라 아르벤스 대통령의 민주주의 노력은 물거품이 되었다. 과테말라 사람들의 이익을 챙기는 정책을 내놓자 미국은 아르벤스를 압박했다. 다른 대통령처럼 미국의 이익을 위해 산업과 자원을 내놓으

광부들로 구성된 시민군이 행군하고 있다. 라틴아메리카 여러 나라에서는 미국과 권력자들의 폭정과 착취가 가혹해질수록 그것에 대항하는 혁명 운동 또한 끊이지 않았다.

라고 했다. 아르벤스는 미국의 요구를 듣질 않았다.

미국은 1954년 6월 18일 과테말라 군인들을 지원해 쿠데타를 일으켰다. 아르벤스 대통령과 시민들은 쿠데타 세력을 막아 낼 수 없었다. 강력한 군사력을 지닌 미국을 등에 업은 쿠데타 세력에 맞서기에 아르벤스의 무기는 너무 허술했다.

결국 아르벤스 대통령이 항복을 선언했다.

과테말라에 모인 혁명가들은 쿠데타 세력에 잡혀갔다.

체 게바라는 한 시골 마을에 숨어 있다가 어렵사리 멕시코로 피했다.

멕시코에는 피델과 몬카다 병영 습격에 함께했다가 풀려난 청년들이 모여 있었다. 이들은 1953년 7월 26일 싸움 정신을 기리는 뜻으로 '7.26운동'이라는 모임을 꾸렸다. 이 모임은 쿠바 섬으로 들어가 독재 정권을 무너뜨리고 쿠바 민중을 해방시키겠다는 목표를 세웠다.

15년 형을 선고 받고 감옥에 갇혔던 피델 카스트로는 쿠바를 떠나는 조건으로 1955년에 석방이 되었다. 피델은 멕시코로 넘어와 동지들이 꾸린 7.26운동을 이끈다.

1955년 7월 9일.
멕시코는 한겨울이었다.
먹물을 뿌린 듯 어두운 밤이었다.
피델은 시가를 물고 손목시계를 들여다보았다.
초침과 분침이 숫자 12에 포개지고, 작은 바늘이 10을 가리켰다.
똑. 똑. 똑.
문 두드리는 소리가 들렸다.
피델 카스트로는 체 게바라를 기다리고 있었다.
피델은 동생이자 몬카다 병영 습격을 함께 한 라울 카스트로에게 체의 이야기를 들었다.

"아르헨티나에서 온 의사가 있는데, 아메리카 해방을 꿈꾸고 있어요. 그에게 7.26운동에 함께하자고 하는 건 어떨까요?"

라울이 형 피델에게 말했다.

"아르헨티나 사람인데, 쿠바 혁명을 할까?"

"그는 아메리카 혁명을 꿈꾸고, 세계 어느 곳이든지 고통 받는 사람들이 있다면 한달음에 달려가 총을 들 사람이에요."

"그래……. 그럼 내가 한번 만나 보지."

라울의 주선으로 오늘 피델과 체의 첫 약속이 잡혔다.

밤 10시 정각. 피델의 은신처 문을 두들기는 소리가 울렸다.

'정확한 친구군.'

커다란 키에 콧수염을 기른 피델은 손잡이를 돌려 문을 연다.

체 게바라가 문 밖에 서 있다.

피델은 양손을 활짝 벌리고 체를 맞이한다.

"어서 오세요. 난 피델 카스트로요."

피델은 체가 인사할 틈도 주지 않고 너른 손으로 체를 껴안는다.

체는 자신을 껴안고 등을 두들기는 피델의 손이 참 크다는 생각이 들었다. 더불어 피델의 너른 가슴이 참 따뜻하다고 여겼다. 추운 바람을 맞으며 걸어왔기에 든 마음은 아니다. 정말 따뜻했다.

"반갑습니다. 난 체……."

"알고 있습니다. 어서 들어와요. 날이 추운데, 따뜻한 차라도 한잔하고 인사를 해도 늦지 않습니다."

피델은 체가 천식을 앓는다는 걸 알고 있었다. 추운 날씨가 체의 천식에 영향을 줄까 걱정이 되어 난로에 장작불을 지펴 두었다.

자신감 넘치는 목소리와 격식을 차리지 않는 호탈한 성격의 피델

을 마주한 체는 추위에 떨었던 몸이 사르르 녹았다. 물론 마테 차도 준비되어 있었다.

피델은 쿠바 노동자들의 처지를 체에게 들려주었다.

"미국에 빌붙은 독재자와 그의 세력들이 호사롭게 사는 대가로 쿠바 노동자들은 가난과 굶주림에 허덕이고 있어요. 독재 세력의 으리으리한 저택 맞은편에는 차마 집이라고 부를 수 없는 움막에서 대부분의 사람들이 짐승처럼 살아가고 있습니다. 90퍼센트의 아이들은 미국의 관광객들에게 구걸하며 목숨을 유지하는 형편입니다. 농민들은 자신의 생산물 대부분을 지주에게 빼앗겨 배고픔에 시달리지요. 쿠바 경제의 큰 수입원인 사탕수수 농장은 미국의 설탕 산업을 위해 희생되고 있고요. 쿠바의 독재 세력은 국민들의 삶은 내팽개치고, 미국에 빌붙어 자신의 배만 불리고 있지요."

피델은 체에게 물었다.

"쿠바를 구하는 싸움에 함께하실 수 있겠습니까?"

체는 손을 내밀었다.

피델이 체의 손을 잡았다.

"나는 쿠바 민중과 운명을 함께하겠습니다."

체가 말했다.

"고맙소. 체."

피델은 체를 껴안았다.

어찌나 세게 안았던지 체가 기침을 했다.

게릴라 훈련 중, 사격 연습을 하는 체 게바라.

피델은 깜짝 놀랐다.

"앗, 미안합니다. 괜찮소?"

체는 헛기침을 몇 번 하더니 말했다.

"천식이 도진 것은 아니니 걱정 마세요."

그날 체는 7.26운동에 가입했다.

"피델, 조건이 있소."

"쿠바 민중과 함께하겠다는 당신의 조건이라면 내가 뭘 못 들어주겠소."

"쿠바가 해방이 되면 나를 붙잡지 말아 주세요. 나는 가난하고 고통 받는 이들을 찾아 떠나겠소."

체는 한 나라의 혁명에 머물지 않겠다는 뜻을 피델에게 전했다.

자유롭게 세상을 떠돌며 혁명가의 삶을 살겠다는 체의 말에 피델은 잠시 생각에 잠겼다.

"당신의 뜻을 존중하겠소."

피델이 약속했다

체는 7.26운동 동지들과 쿠바 혁명을 준비한다.

멕시코의 한 목장을 빌렸다. 이곳에서 쿠바에 들어가 독재 세력에 맞설 준비를 했다.

총을 든 의사

1956년 11월 25일 오전 1시 30분.
하얀색의 모터보트가 시동을 걸었다.
보트에는 올리브그린 색의 군복을 입은 사내 82명이 타고 있었다.
배는 멕시코의 바닷가를 떠나 쿠바 섬으로 향했다.
올리브그린 색의 군복을 입은 사내 가운데는 피델 카스트로가 있었다.
물론 체 게바라도 함께 타고 있었다.

이 배에는 디젤 모터 두 대가 달려 있고, 배에 탈 수 있는 최대 정원은 25명이었다.
쿠바에 몰래 들어갈 배를 구하는 일은 쉽지 않았다. 어렵사리 구한 배다. 25명만 타고 쿠바로 갈 수는 없었다. 피델은 더 많은 사람이 탈 수 있도록 배를 개조했다. 하지만 최대한 키워도 82명밖에 탈 수 없었.
훈련을 받은 7.26운동 동지들은 서로들 쿠바에 들어가 싸우겠다고 했다. 별수 없이 몸무게가 많이 나가는 사람 순으로 탈락시켰다. 체의 몸무게는 70킬로그램이었다. 무난히 배에 올라탈 수 있었다.
무기와 연료, 식량이 실린 배에 82명의 사내들이 타니 콩나물시루

멕시코를 떠나 쿠바로 향했던 배, 그란마 호.

가 따로 없었다. 숨 쉬기조차 힘들 정도로 빽빽이 들어찼다.

7.26운동은 쿠바에서도 조직되어 있었다. 멕시코에 있는 피델과 수시로 연락을 주고받았다. 이들은 쿠바 남쪽 바닷가 약속 장소에서 원정대원들을 기다렸다.

쿠바에는 두 세력이 있다. 독재자 바티스타의 편을 드는 소수의 권력자와 피델과 함께하는 다수의 민중들. 하지만 피델과 함께하는 다수의 사람들은 바티스타 독재 정부의 소수 권력에 눌려 살고 있다. 바티스타는 미국이 지원한 현대식 무기를 지닌 군대를 가지고 있기 때문이다.

7.26운동 대원들이 쥔 총은 사람을 죽이는 무기가 아니다. 탱크와 폭격기의 무시무시한 화력 앞에 흩어질 수밖에 없는 민중을 지키는 방어의 도구다.

7.26운동 대원들이 지닌 무기는 보잘것없었다. 하지만 쿠바에 상륙하여 게릴라전을 벌이면 바티스타 정권을 물리칠 수 있을 거라 믿었

다. 게릴라전은 무장한 소수의 부대가 숨어 있다가 지역민들과 힘과 지혜를 모아 독재자의 부대에 타격을 주고 사라지는 전술이다.

멕시코에서 출발한 원정 부대는 쿠바 남쪽 해안으로 상륙하여 차츰 북쪽으로 올라가 바티스타 독재 세력이 있는 아바나를 포위하여 쿠바 혁명을 이룰 계획이다.

사흘째 되는 날부터 날씨가 좋지 않았다. 비바람이 불고 파도가 거

셌다. 배가 사방으로 휘청거렸다. 대원들은 배에 찬 물을 퍼내느라 정신이 없었다.

닷새면 쿠바 해안에 도착할 줄 알았다. 하지만 궂은 날씨로 배는 방향을 잡지 못하고 바다를 헤맸다.

미리 약속한 장소에서 대기 중이던 7.26운동 쿠바 대원들은 엿새가 되어도 원정 대원의 배가 보이지 않자 걱정이 되었다. 혹시 다른 곳으로 상륙했을지 몰라 해안 여기저기에 정찰대를 파견했다. 잘못하여 바티스타 부대가 있는 곳으로 상륙할 경우에는 이번 작전이 실패로 돌아갈 가능성이 높았다.

출발한 지 일주일이 되었지만 쿠바 섬은 보이지를 않았다.

원정 부대의 배는 갈피를 잡지 못했다.

여드렛날 새벽. 저 멀리 육지가 보였다. 그곳이 상륙을 계획한 장

소인지, 바티스타 부대가 있는 장소인지, 아니면 다른 나라인지는 중요하지 않았다. 이미 배에 실은 식량과 물은 바닥이 났다. 아직 연료가 떨어지지 않았다는 사실 말고는 최악이었다.

시달릴 때로 시달린 원정 대원들은 육지가 보이자 살았다고 안도의 한숨을 쉬며 기뻐했다.

하지만 기쁨은 잠시였다. 배가 암초에 부딪쳐 박살이 났다. 대원들은 혹독한 쿠바 상륙 신고식을 치렀다. 다행히 늪지와 연결이 되어 있었다. 대원들은 부서진 배에서 무기와 짐들을 챙겨 달리기 시작했다. 푹푹 발이 늪에 빠졌지만 어쨌든 땅을 밟을 수 있어 행복했다.

어깨에 상자를 짊어지고 뛰던 체가 한마디 했다.

"이건 상륙이 아니야. 좌초야, 좌초!"

멀리서 한 무리의 사람들이 달려왔다. 정찰 나온 쿠바 대원들이 원정대를 발견하고 마을 사람들과 몰려오고 있는 거였다.

마을 사람의 오두막에서 대원들은 쉴 수가 있었다.

오두막 주인은 사흘째 굶었다는 말에 서둘러 요기거리를 준비하기 시작했다.

미처 숨을 가다듬지도 못한 때였다.

갑자기 총소리가 들렸다.

해안 경비정이 7.26운동 대원들의 상륙 흔적을 발견한 것이다. 곧바로 육해공군이 공동으로 수색 작업에 들어갔다. 바티스타들의 정찰 비행기가 날아왔다. 나무 둥치에 등을 기대고 앉아 있던 체는 고막을 찢을 듯한 요란한 총성에 벌떡 일어났다. 갑작스런 공격에 맞서 싸울 겨를도 없었다. 무기와 짐을 챙겨 숲을 향해 뛰어야 했다.

체는 한 손에 짐을 들고 달리다가 뒤를 돌아봤다.

누군가가 놀라서 자신이 챙겨야 할 짐을 놔둔 채 몸만 숨겼다.

상자 두 개가 덩그러니 놓여 있었다. 탄약 상자와 약 상자였다. 체는 갈등했다.

한 손에는 이미 무기가 든 짐이 있다. 둘 가운데 하나만을 택해야 한다.

'약품인가? 탄약인가?'

짧은 시간 동안 체는 자신에게 물었다.

'과연 나는 누구일까. 의사인가? 아니면 혁명가인가?'

체는 탄약 상자를 들고 뛰었다. 버린 약 상자에는 자신의 천식 약도 담겨 있었다.

그때, 목과 가슴 부위가 화끈하게 달아올랐다.

'맞았구나!'

총알은 살갗을 패며 스친 듯했다. 피가 흘렀다. 체는 머리가 어찔했다. 의식을 잃지 않으려고 안간힘을 썼다. 사방에서 동료들의 비명이 들렸다.

쿠바 땅을 밟은 일주일 동안 7.26운동 대원들은 총 한 번 제대로 쏘지 못하고 내리 도망 다니기에 바빴다. 그동안 세 사람이 숨졌다. 부상을 당하지 않은 사람은 열네 명뿐이었다. 체는 세 사람에 속하지는 않았지만 열네 사람에도 속하지 않았다.

다행히 7.26운동 대원을 숨겨 줄 시에라마에스트라가 있었다. 시에라마에스트라는 쿠바 남부를 가로지르는 산맥이다. 폭 50킬로미터에 길이가 130킬로미터에 달하는 거대한 산악지대다. 2천 미터가 넘는 봉우리가 있는 이 산맥은 깊고 험해 7.26운동 대원이 게릴라전을 벌이기는 안성맞춤이었다.

7.26운동 대원 가운데 실제 전투를 해 본 이는 없었다.

'싸우지 않으면 죽는다.'

쿠바 땅을 디디는 순간 큰 공부를 한 셈이다.

피델은 대원들을 다시 추슬러 게릴라전을 시작했다. 호된 경험을 한 대원들은 이제 싸우지 않으면 죽을 수 있다는 정신으로 싸웠다. 쓰러진 대원들을 보며 분노로 눈이 붉게 달아오른 뒤였다.

체는 의사 자격으로 원정대에 참여했다. 하지만 놀라운 전투 실력을 발휘했다.

체는 자신도 미처 알지 못했던 놀라운 게릴라전 능력을 지녔다.

여행자였던 체는 지형에 빨리 익숙해졌다. 운동을 좋아했던 체는 공격할 때와 수비할 때를 정확하게 판단했다. 체스 선수였던 체는 적은 인원으로 큰 상대를 싸워 이길 수 있는 전술을 짤 수 있었다.

총사령관 피델은 의사로 게릴라 부대와 함께했던 체를 대장으로 임명하고 부대를 이끌게 했다. 체는 부대원 가운데 누구보다도 빨리 대장으로 승진했다.

피델은 금으로 만든 별을 체가 쓴 검은 베레모에 달아 주었다.

피델은 체의 게릴라 전술은 전투가 아니라 예술이라고 했다. 적군 주위에서 마치 춤을 추듯 포위하여 들어가는 것 같았다. 체의 부대를 만나면 바티스타 군인들은 귀신에 홀린 듯했다. 이곳저곳에서 나타났다 사라지면 넋을 잃었다.

바티스타 군인들은 체의 부대를 좀체 볼 수 없었다. 체의 부대는 사람이 아니라 유령이라는 소문이 날 정도였다. 게릴라는 보이지 않는데 사방에서 총알이 날아왔다. 바티스타 군은 고함만 지르며 이리 뛰었다 저리 뛰었다 했다.

체의 가장 큰 장점은 그가 의사라는 점이다. 게릴라전은 마을 주민들과 빨리 친해져 힘과 지혜를 모을 수 있어야 한다. 체는 산악 마을을 찾아다니며 사람들의 병을 치료해 주었다. 정부로부터 한 번도 의료 혜택을 받아 본 적이 없던 가난한 사람들이다. 사람들은 아무런 대가도 바라지 않고 병을 치료해 주는 체를 존경하게 되었다. 자연스럽게 체가 있는 게릴라 부대를 자신들을 지켜 주는 부대로 여겼다.

마을 주민들은 게릴라 부대에 식량을 가져다주었다. 체는 공짜로 받지 않았다. 쿠바가 독재로부터 해방되면 돌려받을 수 있는 화폐를 주었다. 주민들은 이 화폐를 훗날 쓸 수 있을 거라 기대하지는 않았다. 자신들을 위해 싸워 주는 것만으로 고마웠다.

주민들은 바티스타 군이 숨어 있는 곳이나 이동 경로를 게릴라 부대에 알려 주었다. 경비가 허술한 곳을 알려 줘 기습 공격을 성공하게

게릴라 부대의 대장으로 활약하던 시절의 체 게바라.

도왔다. 몇 명 되지 않은 게릴라 부대가 이길 수 있는 비결은 여기에 있었다.

반대로 바티스타 군에 돈이나 땅을 받고 게릴라 부대의 정보를 알려 주는 주민들도 있었다. 그래서 체의 부대가 혹독한 위기에 몰린 적도 있었다.

바티스타 군은 게릴라 부대와 싸우기에 앞서 산악 마을들을 없앴다. 산악 주민들이 게릴라를 돕기 때문에 자신들이 패배한다고 생각했다. 바티스타 군은 주민들을 모조리 살해하고, 마을을 깡그리 불태우기도 했다.

이런 바티스타 군의 야만적인 행동 때문에 사람들은 더 게릴라 부대를 아꼈다.

체는 게릴라 부대의 선생이기도 했다. 전투가 없을 때는 글자를 모르는 대원들을 불러 모아 글을 가르쳐 주었다.

이런 체에게 반항하는 대원도 있었다. 전투를 마친 뒤에는 편안히 쉬고 싶은데 공부를 하자니 짜증이 날 만도 했다.

"대장, 적하고 싸우는데 왜 글자를 배워야 합니까? 총만 잘 쏘면 되는 것 아닙니까?"

체는 조용하지만 단호하게 말한다.

"글자를 모르면 왜 총을 잡아야 하는지 알지 못합니다. 우리 게릴라 부대는 적을 죽이려고 총을 쥔 게 아닙니다. 고통 받는 사람을 살리려고 총이 필요한 겁니다. 고통의 원인을 알면 총을 쏘지 않고도 이길 수 있습니다. 그래서 배워야 하는 겁니다."

체 스스로도 열심히 공부했다. 체는 게릴라 부대원 가운데 가장 많은 양초를 쓰는 사람이었다. 그의 막사의 촛불이 언제 꺼지는지 아는 사람은 드물었다.

바티스타 세력을 몰아낸 해방 마을에서는 교육을 전혀 받아 보지 못한 아이들과 농민들을 모아 학교를 세웠다. 체는 해방된 쿠바가 발전하려면 교육을 받은 이들이 많이 필요하다고 여겼다.

쿠바의 어린이 가운데 35퍼센트만이 학교 문턱을 밟아 봤다. 이 가운데 초등학교를 졸업한 이는 열 명 가운데 두세 명에 불과하다.

체가 마을 학교를 찾아가면 땟국이 줄줄 흐르고, 배가 불룩 튀어나온 아이들이 달려든다. 콧물을 쉴 새 없이 흘리는 깨복쟁이 아이들은 서로 체의 무릎에 앉겠다고 다투었다.

게릴라 부대 소식이 전국으로 퍼져 갔다. 스스로 게릴라 부대원이 되겠다고 나서는 주민들이 생겼다. 멀리 아바나 청년들이 목숨을 걸고 산악지대로 들어왔다. 포로가 된 바티스타 군인들 가운데도 게릴라 부대원이 된 이들이 꽤 있었다.

쿠바 전체에 혁명의 분위기가 무르익었다.

그럴수록 바티스타 독재 정부의 공세도 강해졌다.

하지만 백성의 마음을 얻은 7.26운동 게릴라 부대의 진군을 가로막을 수는 없었다.

게릴라 부대의 초라한 소총이 바티스타의 탱크와 폭격기를 물리쳤다.

게릴라 부대 곁에는 수많은 쿠바 민중들이 있었다.

싸움은 게릴라 부대의 승리를 예견했다.

자유 쿠바 만세!

쿠바 남부 해안으로 상륙했던 게릴라 부대는 시에라마에스트라 산악지대를 넘어 산타클라라 진입을 앞두고 있었다. 산타클라라를 해방시키면 미국 플로리다와 마주하고 있는 아바나가 바로 코앞이었다. 아바나에 있는 바티스타의 목을 조르는 셈이다.

산티아고가 있는 쿠바 끄트머리에서 발가락을 간질이던 82명의 게릴라 대원. 어느새 다리와 몸통을 걸쳐 독재자의 숨통까지 밀고 들어왔다. 바티스타의 얼굴이 하얗게 질렸다. 바티스타는 죽기 살기로 총공세를 펼쳤다.

철판으로 똘똘 쌓인 최신형 장갑열차를 앞세우고 게릴라 소탕 작전에 나섰다. 장갑열차는 빗발치는 총알을 맞아도 끄떡없었다.

이 열차가 게릴라 부대를 향해 온다는 소식을 들은 체는 곧바로 작전에 나섰다. 열차가 강을 가로지르는 철교를 지날 예정이었다. 체의 부대는 이 다리를 폭파했다. 장갑열차는 오도 가도 못하는 신세가 되었다.

장갑열차에 갇힌 바티스타 군인들이 기관총을 뿜어 댔다.

게릴라 대원들은 총탄을 뚫고 달려들었다. 손에는 음료수 병에 석유를 담아 심지를 꽂은 화염병이 들려 있었다. 화염병이 열차를 맞추자 불길이 솟았다. 쇳덩어리로 만든 장갑열차는 식용유를 뿌린 프라이팬

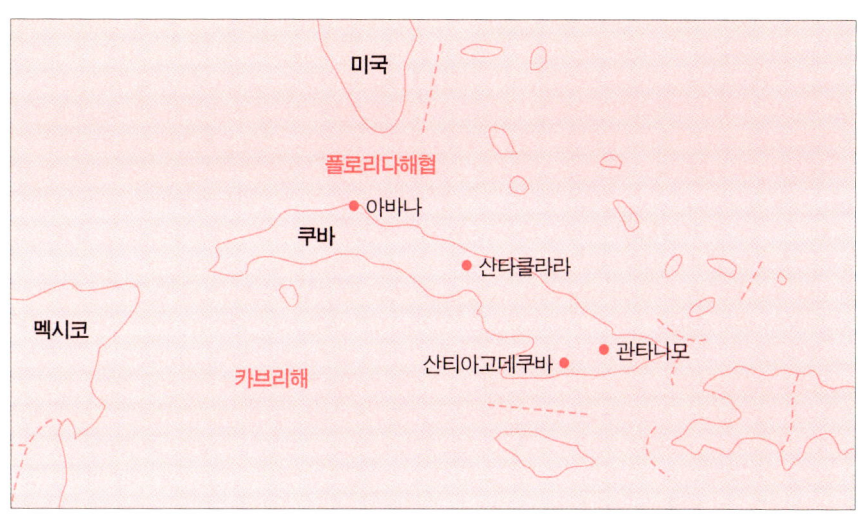

처럼 달궈졌다.

　달아오른 철판에 갇힌 바리스타 군인들은 열차에서 뛰쳐나왔다.
　"죽이지 마라!"
　체는 무기를 버리고 도망가는 바티스타 군인을 공격하지 말라고 명령했다. 이들도 쿠바가 해방되면 새 조국을 함께 건설할 시민들이었기 때문이다.
　바티스타 공군 부대의 전투기 조정사들은 미군이 지원한 폭탄을 싣고 하늘을 날았다. 그러나 체의 부대를 발견하고도 그냥 스쳐 지나갔다. 조정사들은 전투기를 바다로 몰고 가 폭탄을 물에 빠뜨렸다. 이미 군대도 바티스타 정권을 등지기 시작하였다.
　바티스타 부대 사령관들이 피델과 체에게 연락을 했다. 전투를 멈추는 협상을 하자는 거였다. 이미 전투는 멈추고 말고 할 때를 넘어섰다. 그저 무기를 버리고 독재 정권이 아닌 쿠바 민중의 품으로 돌아오

라디오 방송을 하고 있는 체 게바라.

면 그만이었다. 게릴라 부대는 휴전 협상에 콧방귀로 대꾸했다.

체의 부대는 산속에 방송국을 차려 쿠바 시민들에게 소식을 전했다. 독재에 시달린 쿠바 시민에게 자유와 민주주의의 희망을 안겨 주는 방송이었다. 대신에 바티스타 세력에게는 공포를 안겨 주기에 충분했다.

체는 방송 마이크를 잡고 다른 게릴라 부대 대장과 대화를 나눴다.

"혹시 자네 부대에 덩치도 크고 화력이 좋은 장갑차가 필요하다면 우리 부대에서 남아도는 게 몇 대 있으니 보내 주겠네."

체가 무기가 많은 것처럼 허풍을 쳤다. 체의 부대에는 장갑차가 한 대도 없었다.

"고맙네. 우리 부대가 마침 장갑차가 필요했네. 하지만 서둘러 보낼 필요는 없네. 지금 병력과 무기로도 당신 부대보다 먼저 산타클라라를 점령할 수 있을 테니, 걱정 말게."

게릴라 부대는 동쪽과 서쪽 두 개 부대로 나눠져 산타클라라로 진격 중이었다. 체의 부대는 동쪽을 맡았다. 서쪽 부대 대장이 체의 부대보다 먼저 산타클라라에 도착하겠다고 큰소리를 친 거였다.

"서로 다투지 말자고. 당신 부대와 우리 부대가 지닌 7천 개의 소총이 한꺼번에 불을 뿜는다면 단박에 산타클라라는 끝장날 테니. 내가 당신 부대가 올 때까지 기다려 줄 테니, 천천히 오게."

7천 개의 소총이 불을 뿜겠다는 말은 게릴라 대원이 7천 명이 있다는 말이다. 게릴라 부대는 겨우 4백 명에 불과했다.

아바나에서 이 방송을 듣던 바티스타는 바들바들 떨었.

'게릴라가 7천 명이라고!'

7천 개의 소총을 쏠 필요도 없이 체의 부대는 산타클라라에 입성했다.

바티스타 군인들은 체의 부대 발자국 소리에 총을 놓고 도망가거나 항복했다.

산타클라라를 지키려고 마지막까지 버티던 부대가 있었다. 체는 공격을 하지 않았다. 직접 부대 안으로 걸어 들어갔다.

총을 겨누던 군인들은 체를 보는 순간 총구를 아래로 내렸다.

체는 부대의 책임자 앞에 버티고 섰다.

"더 길게 끌 것 없소. 항복하든가 아니면 우리 부대가 밀고 들어오든가요. 길은 둘뿐이오. 선택하시오."

총탄 한 알 쏘지 않고 산타클라라의 마지막 부대를 무릎 꿇게 하였다.

혁명이 성공한 이후, 군중 앞에서 연설하고 있는 체 게바라.

뎅뎅뎅. 뎅뎅뎅뎅.
산타클라라의 성당들에서 동시에 종이 울렸다.
게릴라 부대를 환영하는 종소리였다.
"자유 쿠바 만세!"
시민들은 거리로 쏟아져 나와 만세를 불렀다.

1959년 마지막 날인 12월 31일.

더럽고 해진 올리브그린 색 군복에 별이 달린 검은 베레모를 쓴 체 게바라가 산타클라라에 나타났다.

1960년 1월 1일. 한쪽 팔에 깁스를 한 체가 산타클라라에서 바티스타 정부의 몰락을 선언했다. 3년 동안 게릴라 부대가 쿠바 섬에서 싸운 결과다.

다음 날인 1월 2일. 바티스타는 도미니카 공화국으로 도망갔다.

그다음 날인 1월 3일.
땅거미가 질 무렵이었다.
피델 카스트로와 체 게바라, 그리고 게릴라 부대가 아바나에 들어갔다.
피델과 체는 서로를 뜨겁게 껴안았다.
피델의 가슴은 여전히 따뜻했다.
쿠바 시민들은 피델과 체를 에워싸고 외쳤다.
"자유 쿠바 만세!"
"자유 쿠바 만세!"

세계 시민, 체

피델,

이 순간 나는 많은 생각이 떠오릅니다. 마리아 안토니아의 집에서의 첫 만남, 당신과 함께 쿠바에 가자는 제안, 그리고 혁명을 준비할 때 모든 긴장들.

누군가가 우리에게 물었지요. 죽어야 할 순간이 오지 않겠냐고. 우리에게도 죽어야 할 순간이 올 수 있다는 가능성은 마음을 떨리게 했지요.

그때 혁명 속에서는 이기는 사람도 있고, 죽는 사람도 있다는 사실을 깨달았습니다. 승리로 오는 길목에서 많은 동지들이 그렇게 쓰러져 갔습니다.

지금은 모든 것이 그때만큼 극적이지는 않습니다. 그만큼 우리가 발전했다는 것이겠지요. 하지만 현실은 반복되는 법입니다.

나는 쿠바 혁명에서 내가 할 몫을 했다고 여기며, 어느덧 내 자신의 일부가 되어 버린 당신과 동지들, 그리고 쿠바 국민들에게 작별을 고합니다.

나는 당에서 내 직책, 장관의 지위, 대장이라는 계급, 그리고 쿠바 시민권을 공식적으로 내놓습니다. 쿠바와 나를 묶어 놓을 어떤 법적 구속력도 없어지는 것이지요. 유일한 끈이 있다면 공식 문서로는 도저히 없앨 수 없는 거겠지요.

　……

　혹시 또 다른 하늘 아래서 최후의 순간을 맞이하게 된다면 나는 마지막으로 바로 쿠바 국민, 특히 당신에게 향할 것입니다.

　……

　승리를 쟁취하는 날까지, 영원한 전진! 조국, 아니면 죽음을!
　나의 모든 혁명적 열정을 다하여 당신을 포옹합니다.
　체 게바라

1965년 10월 3일.
피델은 체의 편지를 쿠바 시민들에게 읽어 주었다.
피델은 떠나는 체를 잡을 수가 없었다.
체와 처음 만난 날의 약속 때문이었다.
'쿠바가 해방이 되면 나를 붙잡지 말아 주세요. 나는 가난하고 고통 받는 이들을 찾아 떠나겠소.'

혁명이 성공하자 피델은 체 게바라에게 쿠바 시민권을 주었다.
체는 토지개혁법을 만들어 농민에게 땅을 주었다.
쿠바를 대표하는 대사가 되어 유럽, 아프리카, 아시아를 돌며 외교 활동을 했다. 분단된 한반도 이북의 평양을 방문해 한복 입은 평양 어린이들과 함께 아리랑에 맞춰 춤을 추기도 했다.

쿠바 국립은행 총재를 맡아 경제 살림을 도맡기도 했다.

산업부 장관이 되어 쿠바 최초로 중공업을 발전시키는 디딤돌을 놓았다.

외교관, 은행 총재, 장관이 되어도 체의 옷은 바뀌지 않았다. 늘 올리브그린 색 군복이었다. 국가를 대표해 해외를 순방할 때는 양복을 입으라고 했지만 체는 거절했다. 군복을 벗기에는 아직 할 일이 남았기 때문이다.

제2차 세계대전이 끝나자 세계는 미국 중심의 자본주의 국가와 소련 중심의 사회주의 국가로 나뉘어졌다. 이를 냉전 시대라 한다. 그 한가운데서 체 게바라는 혁명을 이뤄 냈다. 미국과 소련이 세계를 두 동강 내 경쟁과 갈등을 부추겼고, 약한 국가들은 자본주의와 사회주의 체제 가운데 하나를 선택했다.

쿠바의 피델은 미국 대신 소련의 지원을 받았다. 피델은 쿠바를 사회주의 국가라고 선포했다.

체는 미국과 함께 소련도 비판했다. 오로지 쿠바 시민과 쿠바 경제만을 생각하며 일했다. 당연히 소련은 체 게바라를 눈엣가시로 여겼다. 피델에게 체를 조용히 시키라는 압력을 넣었다. 피델에게 체는 너무 소중한 사람이었다. 피델은 체를 버릴 수 없었다.

체는 깨달았다.

자신이 체의 본래 모습으로 돌아가야 할 때라는 걸.

체는 쿠바 시민권과 함께 장관 사직서, 그리고 피델에게 쓴 편지를 남기고 떠났다. 이미 독재 정권을 물리친 쿠바에서 자신이 할 몫은 다 했다고 여겼다.

체가 가야 할 곳은 분명하다.

아직도 가난에 시달려 고통 받는 민중들이 있는 땅.

체는 다시 빈 몸으로 떠났다.

이제 체는 아르헨티나인이 아니다.

체는 쿠바 시민도 아니다.

체는 세계 시민으로 다시 태어났다.

국제회의에서 쿠바 대표로 연설하는 체 게바라.

20세기 가장 완벽한 인간

"어서 방아쇠를 당겨 나를 쏘게."

체 게바라가 말했습니다.

볼리비아 병사는 손을 바들바들 떨고 방아쇠를 당기지 못했습니다.

"괜찮네. 지금 당신이 할 일은 나를 쏘는 일이야. 그게 당신의 본분이네. 그리고 당신의 총알에 맞아 여기서 죽는 게 나의 본분이고."

볼리비아 병사는 눈을 찔끔 감습니다.

"어서 쏘게."

체는 볼리비아 산속 자그마한 학교 교실에서 한 병사의 총에 맞았습니다.

총살 현장에 있던 미국 시아이에이 요원 펠릭스 라모스가 체의 죽음을 확인하러 다가왔습니다.

체를 살피던 그는 권총을 꺼냈습니다.

탕!

1967년 10월 9일 늦은 1시 10분이었습니다.

체 게바라의 나이 서른아홉이었습니다.

살아서의 행적은 여기까지입니다.

쿠바를 떠난 체는 아프리카 콩고로 가서 게릴라 전술을 가르쳐 주었습니다. 콩고도 산악지대를 중심으로 게릴라전을 벌이던 때였지요.

콩고를 떠난 체 게바라는 볼리비아 혁명을 위해 다시 라틴아메리카로 왔습니다.

체는 쿠바에서처럼 여전히 게릴라 활동을 했습니다. 세계를 떠돌았고, 혁명가의 삶을 멈추지 않았습니다.

볼리비아 정부와 미국은 체를 체포하는 데 안간힘을 썼습니다. 쿠바에 이어 볼리비아마저 혁명에 성공한다면 라틴아메리카 전역으로 퍼져 나갈 게 뻔했기 때문입니다.

천식에 시달리던 체 게바라는 볼리비아 산속에서 총알에 맞아 체포되었습니다.

미국과 볼리비아 정부는 재판도 없이 다음 날 체 게바라를 총살했습니다.

체 게바라의 죽음을 전해 들은 피델은 말했습니다.

그는 무척이나 대담한 사람이었습니다. 위험을 두려워하지 않았으므로 가장 어렵고 위험한 순간에 가장 어렵고 위험한 일들을 해내곤 했습니다.

……

그는 순결하고, 용감하고, 모든 것에 초연하고, 욕심 없는, 인류 역사상 가장 훌륭한 인간이었습니다. 체의 삶은 그를 맹렬하게 반대하는 적까지도 감명을 받고 찬사를 할 정도로 위대했습니다. 그의 죽음은 이 시대의 현실에 경종을 울렸습니다.

    1967년 10월 18일 밤.
    쿠바 아바나 혁명광장에는 체 게바라를 추모하는 1백만 명의 시민들이 모였습니다.
    피델 카스트로가 마이크를 잡았습니다.

    만약 우리가 현재가 아닌 미래의 인간이 어떤지 그 본보기를 원한다면 나는 마음속 깊은 곳으로부터 이렇게 말하겠습니다.
    행동에 단 하나의 결점도 없고 태도에 단 하나의 오점도 없는 그 사람은 바로 체다!
    우리 아이들이 어떤 사람이 되기를 원하는지 말하고 싶다면 우리는 열정적인 혁명가로서 진심을 담아 이렇게 말해야 합니다.
    우리 아이들이 체 같은 사람이 되어야 한다!

    세계적인 철학자이자 노벨 문학상을 받은 장 폴 사르트르는 체를 이렇게 평가했습니다.

    20세기 가장 완벽한 인간이다.

체의 정신은 죽어서 더욱 빛을 냅니다.
체가 떠난 지 반세기가 되어 가지만 사람들은 여전히 체를 찾고 있습니다.
세계의 가난하고 고통 받는 사람들은 체를 만날 날을 손꼽아 기다리고 있습니다.
체는 수십 수백 수천의 체로 억압받는 민중의 해방을 위해 살아나고 있습니다.

부자 나라를 가든, 가난한 나라를 가든, 길거리에서는 체의 얼굴이 새겨진 옷들을 만날 수 있습니다.
별이 달린 까만 베레모를 쓴 체 게바라의 구레나룻 가득한 얼굴.
그 옷을 입은 청년들의 가슴에 체의 마음도 함께했으면 합니다.

체는 어떤 사람일까요?
여행을 좋아하는 사람.
총을 든 의사.
가난한 이들의 벗.
혁명가.
가장 치열하게 현실을 바꾸려고 싸웠던 체는 늘 불가능을 꿈꾸며 살았습니다.
가장 철저하게 삶을 계획하고 살았던 체는 늘 자유롭게 세상을 떠돌았습니다.

불가능을 꿈꾸었기에 현실을 바꾸었을지 모릅니다.

자유롭게 떠돌았기에 산속에서 주민들과 학교를 세우며 기뻐했을지 모릅니다.

지금도 체 게바라가 누군지 한마디로 정의를 내릴 수 없습니다.

그래서 지난 몇 해 동안 체 게바라를 붙들고 울다 웃다, 즐겁다 슬프다, 사랑하다 미워하다, 성내다 토닥이다, 그러다가 밤을 지새우기만을 거듭했습니다.

물론 지금도 내 가슴에 체는 물음표입니다.

그래서 묻습니다.

"이 책을 읽은 여러분은 체를 어떤 사람이라고 생각하나요?"

우리 모두 리얼리스트가 되자. 그러나 우리의 가슴속에 불가능한 꿈을 가지자!

체가 남긴 말입니다.

어린이를 위한 새로운 인물 돋보기
한겨레 인물탐구

01 **김구** 아름다운 나라를 꿈꾸다
청년백범 글 | 박시백 그림

02 **간디** 폭력을 감싸 안은 비폭력
카트린 하네만 글 | 우베 마이어 그림 | 김지선 옮김

03 **다윈** 세상을 뒤흔든 놀라운 발견
카트린 하네만 글 | 우베 마이어 그림 | 김지선 옮김

04 **마틴 루터 킹** 검은 예수의 꿈
카트린 하네만 글 | 우베 마이어 그림 | 김지선 옮김

05 **전태일** 불꽃이 된 노동자
오도엽 글 | 이상규 그림

06 **제인 구달** 침팬지의 용감한 친구
카트린 하네만 글 | 우베 마이어 그림 | 윤혜정 옮김

07 **윤동주** 별을 노래하는 마음
정지원 글 | 임소희 그림

08 **린드그렌** 삐삐 롱스타킹의 탄생
카트린 하네만 글 | 우베 마이어 그림 | 윤혜정 옮김

09 **공병우** 한글을 사랑한 괴짜 의사
김은식 글 | 이상규 그림

계속 나옵니다.